한국 문예영화 이야기

차례

Contents

문예영화의 개념과 논란

문예영화란 무엇인가

문예영화란 문학작품을 원작으로 하여 시나리오를 구성(각색)하고 이를 근간으로 제작된 영화를 가리키는 장르적 개념이다. 이러한 개념은 널리 인정받고 있지만, 몇 가지 중대한 논란도 포함하고 있다.

첫째, 문예영화의 원작을 어떻게 간주하는가의 논란이다. 기존의 연구는 서구식 문학 개념이 유입된 이후에 발표된 문학작품을 그 대상으로 삼았다. 다시 말하면 이광수의 『무정』 이후에 산출된 문학작품인 경우에만 문예영화의 원작으로 인정했다. 그래서 『춘향전』이나 『심청전』 같은 고전작품이 각색된 경우에는 문예영화로 간주하지 않았다.

둘째, 문예영화가 과연 문학작품을 원작으로 한 영화만을 가리키는가의 논란이다. 1960년대 정부는 공식적으로 '문예영화'라는 용어를 사용했지만, 그 정의를 엄밀하게 따지지는 않았다. 그러다 보니 문학작품을 원작으로 하는 영화라는 뜻 이외에 높은 예술적 완성도를 가진 영화라는 뜻도 중첩해서 지니게 되었다. 작품 「만추」가 문학작품을 원작으로 하지 않았음에도 문예영화로 취급되면서 이러한 논란은 표면적으로 불거져 나왔다. 지금까지도 연구자들 사이에서 이 문제가 완벽하게 정리되지 못하고 있다.

셋째, 원작이 되는 문학의 범주를 어디까지 볼 것인가의 논란이다. 문예영화의 원작은 대부분 소설이다. 드물지만 희곡인 경우도 있고 간혹 시나 수필인 경우도 있다. 소설과 희곡을 각색한 경우는 문예영화로 보는 시각에 무리가 없어 보인다. 그러나 시나 수필은 조금 다르다. 시는 원작 관계가 명확하지 못하다는 난점이 있고, 수필은 '과연 문학작품인가'라는 의문이 제기될 수 있다. 기존의 시각은 시나 수필을 원작으로 한 경우에 대해서는 적극적으로 문예영화로 간주하지 않고 있다.

다음으로 라디오 방송극이나 텔레비전 드라마의 경우를 생각할 수 있다. 아직까지 우리는 방송극 대본이나 드라마 대본을 문학의 영역에 포함시키는 것에 인색하다. 독립된 혹은 독자적인 형식이라고 인정하지 않기 때문이다. 그럼에도 두 분야는 나름대로의 독자성을 갖추기 시작했으며, 이미 학문적

정의를 벗어나 연행문학으로 그 위치를 공고히 하고 있다. 또 각색과정에서 상당한 변모과정을 보이고 있기 때문에 매체의 변화에 입각한 연구가 필요한 시점이다. 무엇보다 희곡·시나리오·방송극 대본·드라마 대본은 공통적으로 연행문학적 특성을 지니고 있기 때문에, 희곡과 시나리오는 독립된 장르로 인정하면서 라디오 방송극 대본과 텔레비전 드라마 대본을 제외하는 것은 이치에 맞지 않는다.

마지막으로 만화의 경우를 생각할 수 있다. 많은 영화가 만화를 원작으로 하여 만들어졌다. 게다가 만화는 다른 나라에서 문학의 범주에 포함되는 경우가 많으며, 문학의 위상에 걸맞는 독자적 위상을 부여받은 지 오래이다. 이러한 사례와 인식을 참고한다면, 만화 또한 문학의 범주에 포함시켜 그 원작 개념을 설정할 수 있을 것으로 생각된다.

넷째, 원작자가 한국 작가가 아닌 경우가 있다. 이런 경우 한국에서 영화로 만들어졌고 한국인 감독 혹은 한국인 배우가 주축이 되었다면, 이 역시 문예영화의 범주에 포함시키기로 한다.

다섯째, 원작 관계가 불확실한 경우를 가정할 수 있다. 가령 함세덕의 희곡 「어밀레 종」은 영화로 두 번 각색되었지만, 그 원작 관계가 명시되지 않았다. 문헌 자료를 통해 확인되지는 않지만, 내용 분석을 통해 원작과의 관련성을 밝혀낼 수 있다면 문예영화의 범주에 포함시킬 것이다.

정리하면 문예영화란 고전문학·소설·시·수필·희곡·방송 대본·만화 등의 문학작품 혹은 문학의 범주에 포함될 수 있는 독립된 작품을 각색하여 시나리오를 구성하고 이를 근간으로 제작된 영화를 가리키는 객관적 장르 명칭이다. 그 자체로 우수함과 탁월함을 보증하는 개념이 아니며, 시대적 유행에 예속되는 일시적 용어도 아니다. 이 글은 이러한 개념에 입각하여 1960년대까지 문예영화의 탄생·성장·성황·쇠퇴를 살피고 중요 작품과 관련된 이야기를 풀어나가는 형식으로 쓰여질 것이다.

은막에 출몰하는 선각자들
: 문예영화의 탄생과 성장

알려지지 않은 『춘향전』의 영상화

한국영화의 효시로 꼽히는 영화 중 하나가 1919년 10월 27일 단성사에서 상연된 「의리적 구토 義理的 仇討」이다(「의리적 구투 義理的 仇鬪」라는 설도 있다). 극단 신극좌의 대표였던 김도산(金陶山)은 단성사 경영자였던 박승필의 후원으로 활동사진 연쇄극인 「의리적 구토」를 제작하여 한국영화의 출발을 알린다. 이 작품은 1권 분량 1,000피트 길이의 필름을 연극 중간에 끼워 넣는 형식에 불과했지만 당시로서는 목마르게 기다리던 영상이 아닐 수 없었다.

연쇄극이란 연극과 영화의 중간 혼합 장르이다. 일명 키노

드라마(Kinodrama)라고도 하는데, 연극이 상연되는 도중에 영화의 필름이 상영되는 형식을 취한다. 무대에서 표현이 불가능한 장면을 필름으로 미리 찍어 두었다가 스크린에 영사하여 연극적 줄거리를 보강하는 장치로 활용되었다. 예를 들면 도망치는 악한을 무대 밖(야외)의 산이나 바다로 쫓아가는 장면이 그것이다. 「의리적 구토」에서는 자동차 추격 장면이 선보였다.

「의리적 구토」가 장안의 관심과 관객의 발길을 모으자 그 뒤를 이어 많은 연쇄극이 만들어졌다. 이기세의 극단이 이필우를 동원해서 「지기 知己」 「황혼」 「장한몽」을 만들었다. 이러한 물밀 듯한 흐름 속에 취성좌도 동참하게 된다. 취성좌는 1992년 「춘향가」를 제작했다. 남원 일대에서 촬영하여 필름을 제작하고 단성사에서 연쇄극으로 상연하였다. 당시 신문기사를 옮겨 보면 다음과 같다.

모든 신파가 다 각기 연쇄활동사진을 박았지만(찍었지만) 유독 김소랑 일파는 실연으로 하여 오다가 이번 김소랑군은 수천원의 돈을 들여 참신한 활동사진을 박어 일전에 완성되었음으로 지금 기성 연주회 마치는 그 이튿날 십팔일 밤부터 단성사에서 처음으로 상장한다는데 실사(영사)로는 처음 보는 것으로만 박어서 동물원과 탑골공원 안의 실황과 공중에 나는 비행기며 정극으로도 막막이 박인 사진으로 흥행하려고 하는 바 이 사진박기는 사진 잘 박는 본사활동사진 박는 기사가 특히 박은 것이 되어 참으로 볼 만하며 선명한 품이 서양 활동사진과 손색이 없다 하며 고대소설 춘향가 연극을 개량하여 활동사진을 박았다는 것이 특색인데 전북 남원서 치르던 광경도 자못 장관이더라.

("김소랑일행의 연쇄활동사진 — 십팔일부터 단성사에 처음 개막", 「매일신보」 1922년 4월 17일자)

김소랑은 우리 나라 최초의 신파극을 공연한 혁신단 출신이다. 그때 이름은 김현(金顯)이다. 취성좌는 당대를 대표하는 네 개의 극단(나머지는 혁신단, 신극좌, 문예단) 가운데 하나였는데, 네 극단 중에서도 가장 정통 연극(신파극)을 고집한 극단이었다. 김소랑은 취성좌의 좌장이었으며, 매우 뛰어난 연기력을 가진 배우이기도 했다.

이 외에도 취성좌에는 흥미로운 인물이 많이 포진되어 있었다. 우리 나라 최초의 여배우인 마호정이 있었고, 악역을 주로 담당했던 김규영이 있었으며, 여역(女役)을 맡은 최여환이 대표적이다. 이들은 김소랑과 함께 연기력에서 크게 인정받는 배우들이었다. 이 중에서 마호정은 여배우의 시초이면서 악소첩(惡小妾) 역으로 유명해 훗날 석금성과의 연관성이 논의되기도 하는 배우였다.

김소랑이 이끌던 취성좌는 소설 『춘향전』을 연쇄극으로 올리기로 하고 남원 일대에서 필요한 부분을 촬영했다. 위의 신문 기사를 참고하면, 상당한 제작비를 투입했고 실력 있는 스텝을 고용했고 현지 로케이션에도 충실했음을 알 수 있다. 원작이 고전소설 『춘향전』이니 남원의 광한루 일대가 그 대상 지역이었을 것으로 생각된다.

그러나 기사에서 쉽게 납득되지 않는 부분도 있다. 동물원, 탑골공원, 비행기, 정극 등의 영사 필름이 어떻게 작품과 연결되는지 이해하기 어렵다. '개량'이라는 말이 작품의 현대적이고 대대적인 각색을 가리키는 것이 아닐까 하는 추측을 가능하게 할 따름이다.

이 작품의 내용과 관련된 자료는 더 이상 구하기 힘들다. 그러므로 정확한 결론을 내리기란 지금으로서는 불가능하다. 다만 지금까지의 자료로 고전소설 『춘향전』을 최초로 영상화한 작품임을 확인할 수 있고, 연쇄극 「춘향전」이 의외로 대대적인 각색을 거친 현대물이었을 가능성이 높음을 추론할 수 있다.

최초의 문예영화 「춘향전」

우리 나라 최초의 문예영화가 무엇이냐는 질문에 이광수의 『개척자』를 영화화한 이경손(李慶孫) 감독의 「개척자」(고려키네마사, 1925)를 꼽는 경우가 많았다. 그러나 이러한 인식은 부분적으로만 옳고 유효하다. 그 이전에도 문학작품을 원전으로 하여 만들어진 영화가 있었다. 그것은 『춘향전』 『장화홍련전』 『운영전』 『심청전』 등을 영화화한 경우이다.

1923년 최초의 극영화인 윤백남의 「월하(月下)의 맹세」가 발표되면서 한국(조선)영화에 대한 관심이 고조된다. 이 영화는 총독부 체신국에서 저축을 장려할 목적으로 윤백남에게 위촉하여 만들어진 것이다. 윤백남은 당시 '민중극단'의 대표였는데, 제의를 수락하여 직접 시나리오(대본)를 쓰고 민중극단의 배우들을 동원하여 영화를 만들었다. 이 영화는 전국을 순회 상영하며 호평을 받았고, 주인공이었던 권일청과 이월화는 크게 주목받았다.

이를 계기로 전국에 상설 영화관이 생기고 관객들이 증가했다. 이러한 시대적 변화를 체감한 일본인 하야가와(早川松次郎)는 동아문화협회를 설립하고 「춘향전」 제작에 돌입했다. 그는 예명을 하야가와 고슈(早川孤舟)라 짓고 직접 제작·각본·감독하여 「춘향전」을 완성했다.

「춘향전」은 1923년 12월 5일 서울 황금관에서 상영되었다. 그러나 이보다 앞서 전북 군산좌(공진회협찬회 활동사진관)에서 공개되었으며, 그 이듬해인 1924년 9월 5일부터 7일까지 조선극장에서 다시 상영되었다. 이 작품에 자극을 받아 조선인의 손으로 만들어진 「장화홍련전」이 1924년 9월 5일 단성사에서 개봉되었을 때, 「춘향전」 역시 조선극장에서 재상영되면서 대결 구도를 이룬 것이었다.

조선극장의 변사였던 김조성(金肇盛, 예명 춘광)이 이몽룡 역을 맡고 명기 한룡(韓龍, 본명 한명옥)이 춘향 역을 맡았다. 변학도 역은 최영완(崔泳完)이 맡았고, 월매와 향단 역은 가정

주부로 골랐다. 『춘향전』의 배경인 남원에서 현지 로케이션을 하는 수고도 마다하지 않았다. 제작비로 당시 돈 4만 3천 원이 들었으며 35밀리 9권(1,146피트)으로 제작되었다.

당시 신문 기사는 이 영화가 일본 감독과 기술진에 의해 만들어졌음에도 조선 사람이 배우로 출연하고 '조선 각본'을 사용했기 때문에 조선영화라는 개념을 받아들이고 있다. 또 그러한 사실에 고무된 많은 조선 사람이 이 영화를 관람했다는 사실과 이러한 인기에 힘입어 평양과 대구 등지에서 순회 영사를 했다는 소식 그리고 이 작품의 성공으로 많은 흥행업자들이 영화제작의 꿈을 꾸기 시작했다는 후문도 함께 전하고 있다.

그러나 이 작품에 대한 평가는 부정적이다. 작품성에서 크게 미흡하다는 것이 중론인데, 그 이유로 우리 고전을 제대로 이해할 수 없는 일본인이 제작했기 때문이라는 의견이 우세하다. 또 당시 영화 평론가들의 의견을 참조하면 『춘향전』의 스토리만을 빌리는 것에 그쳤기 때문이다. 그러나 관객의 반응은 달랐다. 조선극장(하야가와는 황금관과 조선극장의 경영자였다)에서 이 영화는 흥행에 크게 성공했다. 고정 관객으로만 채워지던 객석에 폭발적인 관객 쇄도가 이어졌다.

한국인의 영화적 대응 「장화홍련전」

박승필은 하야가와가 「춘향전」을 제작했다는 소식에 크게 자극을 받았다. 그는 당시 유일한 한국인 극장 경영자였다. 그의 극장은 단성사였는데, 그는 단성사의 지배인인 박정현에게 우리 고전인 『장화홍련전』을 영화화하도록 지시했다. 박정현은 연극 전용 극장으로 알려져 있지만 실제로는 영화(활동사진)를 상영하기도 했던 원각사 영사실 기사 출신이었다.

장화 역은 김옥희가 맡았고 홍련 역은 김설자가 맡았으며, 원님 역은 변사인 우정식이 맡았고 아버지 역은 최병룡이 맡았다. 각본은 광무대 소속 변사였던 김영환이 맡았고, 영사 기사 출신인 박정현이 감독을 맡았다(안종화는 여주인공이 '심연홍' 혹은 '김연홍'이었다고 증언한다). 하야가와의 「춘향전」 제작에 자극을 받아 만들어진 작품답게 제작진과 배우들이 모두 한국인이었다. 그러나 한국인 중에서 촬영과 편집에 마땅한 적임자는 없었다. 박정현이 이필우를 추천했다. 안종화의 증언에 따르면 박정현과 이필우는 우미관 영사실의 책임자와 조수로 함께 일한 경력이 있어 절친한 사이였다고 한다. 이필우는 이기세의 극단에서 연쇄극을 촬영한 경험이 있었지만, 박승필은 이를 확신하지 못했다. 이필우는 조선여자정구대회를 촬영하여 현상해 보여줌으로써 자신의 실력을 인정받았다.

「장화홍련전」은 여름에 촬영되어 1924년 9월 5일에 단성사에서 개봉되었다. 원래 11일까지 상영할 예정이었으나 몰려드는 관객으로 인해 12~13일에도 상영되었다. 당시 신문 기사를 보면 작품의 인기가 대단하여 매일 밤 표를 사고도 입장하지 못하는 관객이 많았고 시간이 맞지 않아 애를 태우는 관객들이 많았음을 알 수 있다. 유감없이 볼 수 있게 해달라는 투서가 빗발치듯 들어와서 단성사 측도 이를 연장 상영하게 되었다. 그 신문 기사는 「장화홍련전」의 개봉과 성공을 '조선에 활동사진이 생긴 이래 초유의 성황'이라고 표현하며 당시의 반응을 전하고 있다.

그러나 이러한 반응과는 달리 전문가들의 견해는 냉혹했다. 소품과 의상의 부주의한 점을 지적하기도 했고, 미숙한 배우들의 연기를 꼬집기도 했다. 상황 설정의 의문점도 제기되었다. 심지어 한마디로 '언급할 가치도 없는 보잘 것 없는 영화'라고 비아냥거리기도 한다(안종화). 이러한 평가를 종합했을 때 「장화홍련전」은 기술적으로는 완벽하지 않은 영화였음에 틀림없다. 한국인 제작진으로 꾸려간다는 당초의 계획은 민족정신을 드높이고 관객들을 극장으로 불러모으는 중요한 요건으로 작용했지만, 아무래도 일본의 앞선 기술과 경험을 받아들이지 못하는 한계를 초래하고 말았다. 일본인이 영화계를 주도하는 상황에서 기념비적인 의의를 찾을 수는 있었지만, 완성도 있는 작품을 산출할 수는 없었던 것이다.

단성사 촬영부의 운명은 이러한 당시 영화계의 판도와 대세를 말해 준다. 단성사 촬영부는 「장화홍련전」을 찍은 후에는 주로 영화 제작을 지원하는 본부로 사용되었다. 그 후 박승필은 나운규의 작품에 관심을 기울여 「잘 있거라」 「옥녀」 「사나이」 등의 제작에 출자한다. 단성사 촬영부는 이 과정에서 베이스 캠프 역할을 한다. 나운규의 작품이 대부분 단성사에서 개봉된 것도 이러한 연유 때문이다.

윤백남의 등장과 활약

1925년에는 『운영전』이 영화화되었다. 『운영전』은 안평대
군(유수준)과 그의 총희(寵姬) 운영(김우연) 그리고 김진사(안종
화)가 일으키는 비극적 사랑 이야기이다. 그래서 이 작품은 일
명 '총희의 사랑'으로 불리기도 했다. 영화의 줄거리를 소개하
면 다음과 같다.

세종대왕의 넷째 아들 안평대군은 시문으로 이름이 높은
사람이었다. 그에게는 '운영'이라는 총명하고 아름다운 궁녀
가 있었다. 운영은 용모가 뛰어나고 시에도 출중하였다. 특히
시를 가락에 실어 읊는 낭영(朗詠)에 뛰어났다. 어느 따뜻한
봄날, 안평대군은 큰 시회를 열기로 했다. 큰 상품이 걸린 이
시회에 많은 사람들이 모여들었고 제각기 자기의 기량을 뽐냈
다. 시회의 당선자를 골라내는 몫은 운영에게 돌아갔고, 운영
은 많은 시들 가운데 가장 뛰어난 김진사의 시를 고르게 된다.
그리고 그 시를 직접 읊는다.

이를 계기로 김진사와 운영은 서로를 알게 되고(김진사는
운영을 이미 알고 있었다), 시집을 묶어낼 계획을 세우면서 급
속도로 가까워진다. 두 사람은 시의 잘되고 못됨을 가려내는
과정에서 사랑에 빠지게 된다. 그들의 사랑을 눈치 챈 늙은 궁
복(宮僕)이 그들을 협박하고, 신변의 위협을 느낀 두 사람은

15

탈궁(脫宮)한다. 일찍이 김진사의 충복이 운영과의 결별을 권고했지만 김진사는 사랑을 버릴 수 없어 함께 도망간 것이다. 안평대군은 거액의 현상금을 걸고 두 사람을 추적하고 그들의 거처는 현상금을 탐낸 궁복에 의해 밀고된다. 김진사의 충복이 밀어닥치는 군노들에 목숨을 걸고 대항하지만 역부족이다. 군노들이 충복을 죽이고 들이닥치니, 김진사와 운영은 사약을 먹고 조용히 자결해 있었다.

이 작품에서 특기할 만한 사항은 나운규의 출연이다. 나운규는 안종화와 이경손의 추천을 받아 가마꾼으로 등장했다. 그는 여주인공인 운영을 가마에 태우고 간 후, 어둠 속에서 대령하다가 장기 한 판을 둔 다음에 다시 태우고 돌아오는 역을 맡았다. 역은 비록 미미했지만 나운규는 대단히 기뻐했다. 그는 벅찬 가슴을 누를 길이 없어 이 작품의 스틸사진을 구해서 고향의 벗인 윤봉춘에게 보내기도 했다. 윤봉춘도 나중에 나운규의 덕으로 영화계에 입문했다. 당시 나운규는 이름 없는 무명 배우에 불과했지만 훗날 한국 영화계를 대표하는 배우이자 감독이 되면서 이 영화에 출연한 사건은 즐겨 회자되곤 한다.

나운규가 배우가 된 계기는 신극단체인 예림회를 만나면서부터이다. 1920년대 초 함흥에서 발족한 예림회의 공연을 보고 나운규는 가눌 수 없는 감동과 흥분을 가지고 배우가 되기로 결심했다. 그는 무작정 예림회를 찾아갔고, 그곳에서 문예부장 안종화를 만나 연구생으로 입단했다. 안종화는 나운규가 체격이 작고 옷차림이 우스꽝스러웠으며, 처음부터 번쩍이는 재기를 풍기는 인물과는 거리가 멀었다고 회고한다. 그러나 연기에 대한 열정만은 대단해서 궂은일도 마다하지 않았다고 한다. 극단에서 심부름꾼이나 다름없는 생활을 하면서도 진취적인 기상을 잃지 않고 배우가 될 수 있는 기회를 찾던 나운규는 부산에 설립된 조선 키네마 주식회사에 입사하여 배우로 출연했다. 나운규의 입사에는 안종화가 깊이 관여했다. 표정 연기조차 제대로 해내지 못해 카메라 테스트에서 떨어진 나운규를 억지로 우겨서 입사시킨 사람이 안종화였다. 나운규는 한 달에 2원을 받는 연구생이 되었지만 기쁨은 무한히 컸으며, 연기에 대한 열정도 그만큼 달아올랐다.

북한에서 나온 나운규에 대한 연구를 보면 나운규는 「운영전」에 출연하기 이전에 이미 무성영화 「해의 비곡」에 출현한 적이 있다고 한다(최창호·홍강성, 『라운규와 수난기 영화』, pp. 57–58). 그러나 안종화의 회상에 따르면 「해의 비곡」(주인공 안종화)이 끝난 이후에 서울에서 우연히 나운규를 만났고 그와 동행해서 부산에 갔다가 조선 키네마 주식회사에 입사했기 때문에 북한 측 주장은 이치에 맞지 않는다.

「운영전」은 윤백남이 조선 키네마 주식회사에 영입되어 기획·제작한 영화이다. 윤백남이 각본을 쓰고 감독했으며, 김우연·안종화·유수준이 출연했다. 운영 역은 이월화가 맡을 것으로 기대되었으나 신인인 김우연에게 돌아갔다. 신문이 전하는 이유는 다음과 같다. 조선 키네마 주식회사 남녀 배우 20여 명이 촬영 감독 윤백남과 함께 경성에 와서 「운영전」을 촬영하기로 했다. 그런데 촬영이 반도 지나지 않아서 단원들 사이에 반목이 생겼다. 이유는 크게 두 가지였다. 하나는 윤백남이 영화에 대해 무지했기 때문이며, 다른 하나는 윤백남이 김우연(당시 18살)을 촬영장에 끌어들여 모종의 관계를 맺으면서 촬영에 전념하지 않았기 때문이다. 이로 인해 동 영화사의 제1회 작품 「해의 비곡」으로 스타덤에 오른 이월화가 촬영을 중지하는 사태가 빚어졌다("조선 키네마 활동 배우, 촬영 중에 알륵", 「매일신보」 1924년 11월 26일자 참조).

안종화의 말을 인용하면 윤백남은 일본어에 능통하고 조선 야화에 능하다는 이유로 조선 키네마 주식회사에 입사했지만, 촬영에 대해서는 거의 무지했다고 한다. 감독을 한다고 하면서 촬영을 중지하는 사인(커트)도 몰라 카메라가 헛돌게 하는 실수를 했다는 것이다. 김우연의 사건도 안종화는 조금 다르게 말하고 있다. 윤백남이 조선 키네마 주식회사에 입사하면서 일본 감독 다카하시 간죠(高佐實長, 한국명 왕필렬)의 공고하던 입지가 흔들리기 시작했다. 그때 윤백남이 이월화가 아닌 다른 여배우를 쓰겠다고 주장하자, 이에 대해 부당하다며 정면으로 반박한 이가 왕필렬이었다. 그러나 제작 간부진은 윤백남에 대한 신뢰를 버리지 않고 새로운 배우 김우연을 쓰도록 허락했다. 이월화는 이미 나이가 들었고 일본어에도 익숙하지 않다는 윤백남의 의견이 설득력을 발휘했기 때문이다. 그러나 촬영 도중 윤백남과 김우연의 염문설이 퍼지고 신문은 이를 대서특필했다. 기사를 대서특필한 이는 문예단을 이끌던 이기세였고 둘은 오랜 친교를 가진 사이였다. 그런데도 이기세는 윤백남의 행적에 실망하고 그를 꼬집는 기사를 썼던 것이다.

촬영도 실패였다. 우선 세트가 미흡했다. 재현할 스튜디오가 없는 상태여서 촬영을 대부분 야외 솔밭에서 했으니, 궁중신을 필요로 하는 작품이 제대로 만들어질 리 없었다. 소품에서도 리얼리티가 떨어졌고 필름의 안배도 적절하지 못했으며 촬영 수준도 형편없었다. 윤백남은 이에 대한 책임을 추궁받기 전에 사표를 내고, 자기 밑에 있던 조선 키네마 주식회사 연수생(나운규, 김우연, 이경손, 주삼손, 김태진, 주인성)들을 데리고 서울로 상경했다.

조선 영화인들의 탈주 사건에는 다른 요인도 개입되어 있었다. 당시 조선 키네마 주식회사 내에는 조선인과 일본인의 반목이 두드러지고 있었다. 민족적인 감정과 더불어 경쟁의식도 한몫했기 때문이다. 그러던 중 다카하시가 한국 여배우 이채전을 술자리에서 희롱하려 한 사건이 발단이 되어 큰 충돌이 일어났다. 이때 나운규는 의자로 방문을 부수고 다카하시의 멱살을 잡기까지 했다고 한다. 이 사건이 빌미가 되어 조선 영화인들은 스스로의 힘으로 조선영화를 만들자는 합의에 이르게 되었다. 이것이 서울 상경의 또 다른 이유가 되었다.

어쨌든 신문 기사는 무책임한 윤백남의 무능을 꼬집고 있고, 한 단체의 중심에 서야 할 감독의 소임을 잊은 처사를 나무라고 있다. 윤백남의 영화에 대한 무지를 꼬집는 기사는 「동아일보」(1925년 1월 26일자)의 영화평에도 소개되고 있는데,

촬영기사의 기술이 부족해서 화면이 선명하지 못했고 배우의 표정은 거의 보이지 않을 정도였다고 비판하고 있다. 또 촬영기사의 실수로 속회전으로 처리해야 할 것을 느린 회전으로 처리하여 관객의 웃음을 샀다는 기록도 있다.

윤백남의 퇴진과 이경손의 등장

윤백남은 서울로 올라와 황금정(을지로 5가)에 제작사(윤백남 프로덕션)를 차리고 첫 작품으로 「심청전」을 제작했다. 우여곡절을 겪고 탄생한 윤백남 프로덕션이었지만, 그 의의는 꽤 컸다. 조선인의 자본에 의해 만들어진 최초의 영화제작사였으며, 조선영화에 대한 결집된 열망이 이루어낸 일종의 쾌거였다. 여기에 모인 영화인들은 윤백남, 이경손, 주삼손, 나운규, 김태진, 주인규, 김우연 등이었다.

윤백남은 이경손을 감독으로 삼고 니시카와 히데오(西用秀洋)를 촬영기사로 삼았다. 일본에서 사온 중고 카메라(당시 350원)로 「심청전」을 촬영하여 1925년 봄에 조선극장에서 개봉했다. 당시 심청 역을 맡은 이는 조선 키네마의 최덕선이었고, 심봉사 역을 맡은 이가 나운규였다. 신인으로서는 파격적인 기용이었다. 심봉사의 외모에 가장 잘 어울렸다는 것이 이유였다.

제작 사정은 자금과 경험 면에서 열악했다. 윤백남 프로덕션에 출자하겠다는 일본인이 약속을 지키지 않는 바람에 자본은 형편없이 부족했고, 감독과 배우 또한 미흡한 수준이었다. 그러나 배역이 발표되자 배우들은 창조적 열의에 불타면서 의욕적으로 매달렸다. 나운규도 그중 하나였다. 그는 대본을 거의 암송했고 배역에 혼신의 힘을 기울였다.

나운규는 심봉사를 소화하기 위해서 장님을 방문하기도 했다. 장님 박씨는 나운규가 찾아온 목적을 듣고, 할 일이 없어서 장님 생활을 배우려고 하느냐면서 장님이 된 것도 서러운데 그 흉내까지 내려 한다고 욕을 했다. 그러다가 이야기가 잘되어서 나운규는 장님의 실제 고충과 생활 방식을 체득하게 되었다.

심봉사 연기 이후 나운규는 성격파 연기 배우로 발돋움했다. 관객들은 나운규의 연기를 두고 천재라는 찬사를 아끼지 않았고, 주위에서 나운규를 알고 있다고 믿었던 사람들(이경손이 대표적)도 놀라움을 감추지 못했다. 입사 테스트에서 제대로 말도 못해 떨어질 뻔했던 것에 비하면 장족의 발전이 아닐 수 없었다. 나운규는 이 작품에서 얻은 명성과 신뢰를 토대로 훗날 자신의 영화 세계를 꾸려갈 수 있게 된다.

하지만 영화는 제작비 부족으로 인해 크게 실패했다. 여유분 필름 부족으로 인해 제대로 된 화면을 얻을 수 없었다. 당시의 평도 인색하기 이를 데 없었다. 조선의 풍속을 이해하지 못했다는 지적, 용궁 장면이 지나치게 왜소했다는 지적, 장면 배열에 중심이 없다는 지적이 나왔으며 각색의 극적 구성에서 오는 결함을 거론한 지적도 있었다.

감독 이경손의 무능한 연출과 최덕선의 부족한 연기 그리고 미숙한 촬영에 대한 지적도 있었다. 안종화는 경험 없는 이경손이 연출을 맡은 것이 이상하다고 말하면서, 그의 대표적인 실수를 전하고 있다. 심청이가 임당수에 빠지는 장면을 찍기 위해 잔잔한 마포강가를 택한 점과 투신 장면을 어설프게 인형으로 트릭 촬영을 한 점, 부실한 연꽃을 사용하여 초라한 부상 장면을 만든 점 등이 그것이다.

「매일신보」는 「심청전」에 대해 평하면서, 윤백남이 예술적 기량을 도모하지 않고 변사의 능력으로 결함을 가리려고 한 점과 소도구·의상이 지나치게 성의가 없었던 점 그리고 심청이가 물에 빠지는 장면을 인형으로 처리한 점을 단점으로 지적하고 있다. 그렇다면 감독 이경손은 어떤 인물인가.

이경손은 1904년 개성에서 태어나 체신국 부설 상업학교와 경성신학원을 다녔고 부산의 조선 키네마 주식회사 조감독으로 입사했다가 「심청전」으로 영화계에 데뷔했다. 일각에서는 이경손의 일천한 경력과 미숙한 신인 등용을 영화의 완성도를 저해한 요인으로 꼽지만, 그는 상당한 재능과 적지 않은 무대 경험을 보유하고 있었던 것으로 확인된다.

경성신학교 시절 다양한 학문을 공부했고 경성신학교를 중퇴하고 서대문에 있던 예술 학교(현 철 경영)에 입학하여 한동안 연극과를 지도한 경력(조교수)이 있다. 그 후 재정 문제로 이 학교가 문을 닫자 연극반 학생들과 무대 예술 연구회를 조직하여 대표가 되었다. 연극작품을 단성사 무대에 올렸고 지방 순회 공연을 하기도 했다. 그러다가 마침 부산에서 설립된 조선 키네마 주식회사와 교류가 닿아서 회원들과 동반 입사하게 되었고, 「운영전」의 감독을 맡은 윤백남을 만나 조수이자 제자이자 믿음직한 파트너로 함께 일하게 되었다.

「심청전」이 실패하자 윤백남은 다음 작품으로 「개척자」를 준비하는 한편, 「심청전」의 적자를 만회할 요량으로 도일했다. 「개척자」의 감독으로 이경손을 임명하여 제작을 지휘하게 하고, 자신은 일본에서 「심청전」을 상영할 루트를 찾으려 한 것이다. 그러나 도일한 윤백남으로부터 소식이 두절되었고, 윤백남 프로덕션이 기획했던 「개척자」는 고려 키네마사와의 합작을 통해 완성되었다.

1925년 고려 키네마사의 「개척자」가 발표되었다. 이 영화는 이광수의 동명 소설을 원작으로 하여 이경손에 의해 만들어졌고, 김정숙과 남궁운 등이 출연했다. 이 작품은 근대적 의미의 소설을 원작으로 한 문예영화의 효시로 손꼽히고 있으며, 고전소설을 영화화한 것을 문예영화로 간주하지 않을 경우 최초의 한국 문예영화로 인정된다. 이 영화의 원작은 봉건적 인습 타파(자유연애)를 주제로 한 작품이다.

한편 윤백남을 기다리던 윤백남 프로덕션의 단원들은 소식이 없는 그를 기다리다 못해 계림영화협회로 흡수·통합되었다. 그러던 중 윤백남의 소식이 전해졌다. 그는 뜻밖에도 김해의 협성학교에서 교편을 잡고 있었다. 그는 한동안 영화계에 발을 들여놓지 않았고, 대신 소설가로 변신했다. 1928년부터

「동아일보」에 『신역 수호지』의 연재를 시작하여, 『대도전 大盜傳』(1930) 『흑두건 黑頭巾』 등을 발표하면서 대중의 사랑을 받았다. 그는 대중소설의 1인자로 불리면서 야담의 권위자가 되었다. 한때 JODK 방송극을 통해 야담을 방송하여 큰 인기를 끌었고 1933년에는 경성방송의 초대 제2방송(조선말 방송) 과장으로 재직하기도 했다. 그 후 만주로 거처를 옮겼다가 해방 후 귀국하여 '조선영화 건설본부'의 위원장이 되면서 다시 영화계로 복귀했다.

일본인에 의한 영화화, 일본소설의 영화화

1925년 일본소설을 원작으로 하는 영화 「쌍옥루」가 발표되었다. 「쌍옥루」의 제작 발의자는 이필우였고 박정현(단성사 지배인)이 동의했다. 원작소설은 조일재(趙一齋)가 번안해서 신문에 연재하고 있었다. 이필우와 박정현 그리고 단성사 측(박승필)은 신문소설의 영화화라는 새로운 착안에 합의하고 촬영에 착수했다. 촬영은 이필우가 맡았고, 감독은 이구영이 맡았다. 이 영화에서 주연 배우로 발탁된 여배우가 김소진이었다. 그녀는 이필우의 감독 데뷔작 「멍텅구리」의 여주인공으로 다시 한번 기용된다.

당시 단성사 측과 라이벌 관계에 있던 극장이 하야가와의 조선극장이었다. 단성사가 「쌍옥루」를 만든다고 하자 조선극장은 「비련의 곡」 제작에 돌입했다. 이 작품은 장안의 화제를 불러일으키던 기생의 이야기를 극화한 것이다. 다시 자극을 받은 단성사는 「쌍옥루」 하편을 내놓았고, 조선극장은 「홍부전」을 제작하였다. 당시 제작 상황을 살펴보면 문화극단의 문수일(文秀一)을 위시한 극단 배우와 변사 출신 배우, 기생 출신 배우들이 뒤섞여 있었던 것 같다.

한편, 계림영화협회에 들어간 이경손이 만든 영화가 「장한몽 長恨夢」이다. 이 작품의 원작은 일본인 오자끼 고요(尾崎紅葉)가 쓴 『곤지끼야사 金色夜叉』이다. 이 작품을 조일재가 번역하여 각색했다. 조일재는 신문소설의 선구자로, 매일신보 기자로 일한 바 있다. 그는 한때 윤백남과 극단 문수성(文秀星)을 운영한 적이 있으며 우리 나라 최초의 근대 희곡 「병자삼인」을 집필한 바 있다. 조일재는 원작을 우리 나라 실정에 맞게 번안했다. 그 결과 이수일과 심순애가 탄생하게 된 것이다. 두 사람의 애틋한 만남과 헤어짐은 보통 사람들의 사랑과 눈물을 한껏 자아냈다.

영화로 만들어진 「장한몽」에서 심순애 역을 맡은 배우가 김정숙이었다. 김정숙은 뛰어난 미모를 지녔지만 태생적으로 말더듬이였다(별명이 '에테테'였다). 배우로서는 적합하지 않은 재질이었지만 타고난 미모를 이용해 영향력 있는 남성들을 사귀었고, 마침내 윤백남 프로덕션의 「심청전」에 출연하게 되었다. 말더듬이지만 무성영화에서는 그것이 큰 흠이 되지 않았다. 이것이 계기가 되어 「장한몽」의 여주인공으로 발탁되었다. 그러나 숱한 남성들과 염문을 뿌리면서 그 이미지가 실추

되고 몇 번 실연을 당하면서 은막에서 사라지게 되었다.

이수일 역을 맡은 이는 주삼손이었다. 그는 일본인으로 말쑥한 외모를 가진 미남형 배우였다. 그 점이 이수일 역에 적격이었기에 전격 캐스팅되어 촬영에 돌입했다. 그러다가 문제가 생겼다. 촬영 도중에 주삼손이 사라진 것이다. 그의 실종은 촬영에 막대한 지장을 초래했고, 할 수 없이 배우를 바꿔서 촬영을 매듭지어야 했다. 대체된 배우가 바로 심훈(沈薰)이었다.

그는 훗날 소설 『상록수』를 써서 유명해진 인물이지만, 당시에는 조선일보 기자였다. 심훈은 1923년 중국에서 귀국하여 안석주와 사귀게 되면서 신극 연구단체 '극우회(劇友會)'의 회원이 되었다. 이경손은 이 단체의 멤버로, 주경손이 사라진 사정을 심훈에게 의논했다. 심훈은 이경손의 딱한 사정을 듣고 영화에 출연하게 되었다. 개봉된 영화를 보는 관객들은 어리둥절할 수밖에 없었다. 중간에 이수일 역의 배우가 바뀌었으니 너무 당연한 일이었다. 심훈이 비록 미남이었다고는 하나 관객들의 눈을 피해갈 수는 없었다.

이 사건의 배후에는 나운규가 있었다. 나운규는 이경손이 자신을 캐스팅에서 누락시킨 것에 대해 불만을 품고 평소 가까웠던 주삼손을 빼돌려서 촬영을 방해한 것이다. 평소부터 나운규와 이경손은 사이가 좋지 않았다고 한다. 그로 인해 「장한몽」은 한국 영화사에 이인일역(二人一役)의 해프닝을 남긴 영화로 남게 되었다.

만화를 원작(?)으로 한 문예영화

1926년 5월 「멍텅구리」(862피트, 반도 키네마)라는 만화를 원작으로 한 영화가 만들어져, 조선극장과 우미관에서 동시에 개봉되었다. 원작 「멍텅구리 헛물켜기」는 최멍텅(주인공)과 윤바람 그리고 기생 옥매를 통해 당시의 사회를 희화적으로 묘사하여 큰 인기를 모은 만화작품이었다.

문예영화의 범위를 어디까지로 볼 것이냐는 논란의 여지가 있지만, 만화를 문학작품으로 간주한다면 이 「멍텅구리」 역시 문예영화에 포함시킬 수 있겠다. 원작은 1924년 10월 13일부터 「조선일보」에 연재된 노수현의 네 칸짜리 만화이다.

「멍텅구리 헛물켜기」라는 그림 이야기의 내용은, 재료를 화류계에 취하여 가지고, 우습구도 재미있게 그림과 이야기를 만들어서, 하루에 한 가지씩, 독자가 우리 신문을, 손에 드실 때마다, 웃지 않고는 견디지 못할 만한 흥미를 드릴 것이 올시다. 재산가로, 못나고, 게다가, 계집에게 홀리고 싶은 '최멍텅'이, 최멍텅이와 기생의 룸에 들어서, 이러저리 사이를 농락하는 '윤바람', 화류계의 기생기질을 어지간히 대표하는 '신옥매', 이 세 사람을 배우로 삼아 가지고, 날마다 변하여가는, 활극희극의 무대는, 명일부터 날마다, 조선일보 지상에 열릴 것입니다. 누구든지 웃고 싶으신 분은, 조선일보를 보시오.

("우습고 재미있는 이야기 명일부터 날마다 본보에 게

재", 「조선일보」, 1924년 10월 12일자)

영화 「멍텅구리」는 우리 나라 최초의 코미디영화로 간주되고 있으며(정종화), 이 작품으로 이필우는 감독으로 데뷔한다. 이필우는 우리 나라 초창기 영화 기술의 선구자였다. 그는 1920년 이기세가 연출한 「지기」「장한몽」에서 연쇄극을 찍으면서 최초의 촬영기사로 출발했으며, 박승필을 만나 조선 사람들의 힘으로만 완성한 「장화홍련전」의 촬영을 맡았다. 그러다 반도 키네마사를 세워 연재만화 「멍텅구리」를 제작·각색·감독·촬영했다. 하지만 영화는 작품성과 흥행성에서 모두 만족할 만한 성과를 거두지 못한 것으로 알려져 있다.

「멍텅구리」에서 여주인공을 맡은 이가 김소진이다. 그녀는 본래 기생이었다. 처음에는 김도산의 개량단(改良團)에서 승무를 보여주는 역할을 맡았다가, 김도산과 동거를 하면서 연극 배우의 길로 들어섰다. 후에 이필우와 가까워져 「쌍옥루」의 여주인공으로 등용된다. 이필우는 자신이 감독한 첫 번째 영화 「멍텅구리」에서 그녀를 주연으로 캐스팅했다. 그녀는 이원규(남자 주인공)와 더불어 이 영화를 찍었다. 그 후 활동이 뜸하다가 1928년 김팔봉 원작의 「약혼」에 출연한다. 영화배우 복혜숙과 친한 사이였고 상당한 미모를 지녔다.

이어지는 문예영화와 이경손의 퇴장

1928년 나운규는 「벙어리 삼룡」을 감독했다. 이 영화는 나도향의 원작소설을 각색한 것으로, 근대적 문예물을 각색한 사례로는 이광수의 『개척자』 다음이다. 나운규와 윤봉춘이 출연했고, 인천에서 기생일을 하던 류신방이 주인댁 며느리로 출연했다.

류신방은 안동에서 출생하여 인천에서 자랐는데 여학교를 다녔고 한문과 서예 그리고 수묵화에 상당히 능했다. 무남독녀 외딸로 지식과 재능을 한창 꽃피울 시기에 부모를 병환으로 잃고 그 비용을 감당할 수 없어 권번(券番)에 들어갔다. 항상 예술계로 진출할 마음을 품고 있던 그녀는 주위의 권유를 받아들여 나운규를 찾아가 배우로 받아 줄 것을 간청했다.

영화계의 동료들은 류신방을 좋아하지 않았다. 나운규가 지나치게 열정적으로 빠져 있었기 때문에 위험해 보였던 것이다. 류신방은 한때 나운규가 구술하는 시나리오를 받아썼고, 애정과 사업을 동시에 나누었으며, 어떨 때는 단장 부인의 행세도 했다(안종화는 그들을 부부라고 칭하기도 한다). 또 나운규의 작품에서 주연을 맡기도 했다. 「철인도」는 나운규와 류신방이 주연을 맡은 영화이다. 류신방은 나운규와 헤어진 후, 안종화가 감독한 「은하에 흐르는 열정」에 다시 한번 출연한 바 있다.

류신방은 나운규가 대본을 제공한 「사나이」(1928)를 통해 데뷔했고, 「벙어리 삼룡」에서는 주역으로 발탁되어 나운규와 함께 연기하게 되었다. 이 영화는 흥행에는 실패했으나 라스트 신이 인상적이었다. 집이 불타는 장면은 당시의 영화 수준에서는 획기적인 기획이었다고 평가되고 있다.

외국소설을 원작으로 한 문예영화도 만들어졌다. 1928년, 이경손은 알렉산더 듀마의 『춘희』를 각색·감독하여 조선극장에서 개봉했다. 그 이전에는 러시아 작가 고골리의 소설을 영화화한 「시궁창」이 황운에 의해 만들어지기도 했다.

이경손의 「춘희」는 정기탁의 후원과 참여로 이루어졌다. 이경손은 거듭되는 실패로 인해 한동안 영화계를 떠나 있었다. 그 사이 『백의인 白衣人』이라는 장편소설을 신문에 연재하기도 했다. 그가 다시 감독을 맡은 작품이 「춘희」였고, 이어서 고전소설 『숙영낭자전』을 영화화했다.

정기탁은 김정숙과의 연애로 주목을 받은 배우였다. 그는 평양 부호의 아들로 「장한몽」의 심순애로 스타덤에 오른 김정숙과 한동안 동거를 했다. 그러다가 김정숙과 헤어지고 여러 기생들과 인연을 맺게 된다. 그 중에서 그의 마음을 사로잡은 여인이 김일송(金一松)이었다.

정기탁은 영화에 대한 열정을 버리지 못해 이경손과 자주 만났는데, 그러다가 이경손이 제안한 작품 「춘희」에 참여하기로 마음먹게 되었다. 그는 평양의 어머니에게 가서 결혼을 하겠으니 그 대가로 사업 자금을 달라고 졸라서 영화 제작비를 마련했다. 스스로 남자 주인공이 되고 김일송을 여자 주인공으로 캐스팅해 촬영에 임했다. 그는 이 영화를 위해 정기탁 프로덕션을 세웠다.

정기탁의 어머니는 사업자금을 빌려주는 대신 평양에 머물라고 조건을 달았다. 그래서 「춘희」는 평양에서 제작되었다. 촬영이 끝난 후 정기탁은 한동안 서울에 나타나지 않았다. 그러다가 정기탁이 중국에서 찍었다는 「상해야, 잘 있거라」의 선전 자료가 공개되면서 그에 대한 이러저러한 소문이 들려왔다. 이후 그는 대동강에 투신했는데, 중국까지 동행했던 김일송이 현지에서 죽자 슬픔을 가누지 못해 자살했다는 설이 가장 유력하게 대두되었다. 그는 조선 최초의 자살한 남자 배우로 알려져 있다.

1928년 이경손은 이경손 프로덕션을 설립하고 다시 영화 제작에 도전했다. 작품은 「숙영낭자전」이었다. 조선 시대를 배경으로 한 고전소설을 각색한 작품이었는데, 의도는 참신했으나 결과는 실패였다. 시대적 감각을 제대로 표현하지 못한 것에 큰 실책이 있었다. 안종화는 조선 시대 소품에 거울 달린 현대식 장롱이 나타나는 것과 같은 실수가 많았음을 지적하고 있다.

이후 이경손은 한국에서 영화를 만들지 않았다. 거듭되는 실패에 돌파구를 마련할 요량으로 상해로 건너갔고, 정기탁의 후원으로 대중화영공사(大中華影公社)에 입사하여 「이원염사 梨園艶史」를 감독했다. 전창근을 만나 「양자강」을 감독·제작하기도 했다. 그러다가 윤봉길 의사의 홍구공원 폭탄투척 사건이 일어나자 태국으로 망명하였고, 사업가로 변신하여 방콕에 거주한다는 후문이 들려왔다. '영화계의 기재(조용만의 표현)'답게 그의 일생도 드라마틱했다.

1930년 최독견의 소설을 영화화한 이구영의 「승방비곡」이 만들어졌다. 윤봉춘, 이경선, 주삼손, 전옥, 김연실이 출연했다. 김연실을 사모한 김팔지도 단역으로 출연했다. 김팔지는 김연실을 사모해서 영화계에 투신했으며 결국에는 일생마저 망쳐버린 배우로 기억되고 있다.

「승방비곡」은 동양영화사의 제1회 작품으로 알려져 있으며 일본 수출을 목표로 제작되었다. 이 영화는 삼각구도와 복수라는 상투적 모티프를 벗어나지 못하고 있다. 명진은 필수라는 호색한에게 약혼자와 동생을 잃는다. 약혼자 음전은 필수에게 몸을 버리고 자살했고, 동생 명숙 역시 필수에게 몸을 버리고 자살을 기도했다가 살아나지만 필수의 자동차에 부상을 당한다. 명진은 필수에게 복수를 하려 했다가 감옥에 수감된다. 필수는 은숙을 사랑했는데, 은숙은 달리 사랑하는 남자(영일)가 있었다. 명진·필수·명숙·은숙·영일은 산 속에서 재회하고, 복수와 은원의 결투가 벌어진다. 이러한 스토리는 우연에 의한 사건 전개와 해결 방식을 고수하고 있으며 낭만적 감상성에 깊게 침윤되어 있다.

1934년에 김소동 감독의 「홍길동전」이 발표되었다. 「홍길동전」에는 김소영, 김연실, 임운학 등이 출연했다. 처음에는 무성으로 개봉했다가 녹음을 추가해 발성영화로 탈바꿈했다. 1935년에는 이명우 연출의 「홍길동」이 발표되었다. 훗날 희극 스타로 주목받는 이종철과 이소연(李素然)이 주연을 맡았다.

이소연은 기행을 일삼는 배우로 유명했다. 그는 보성고보 출신으로 토월회를 거쳐 영화배우가 되었다. 「봉황의 면류관」(이경손 감독)과 「전과자」(홍개명 감독)에 출연한 바 있다. 그는 성격이 고지식하고 행동이 기이해서 재미있는 일화가 무척 많았다. 그는 집에 들어가면 누가 있건 아랑곳하지 않고 잠드는 습성이 있었고, 땔감이 부족하면 자기 집 문을 뜯어 때기도 했으며, 말을 거의 안 해 친구들의 빈축을 사기도 했다. 인사말도 거의 안 했다고 한다. 이러한 습벽이 그를 다소 괴상하게 보이게 했다.

「홍길동」은 액션영화(당시 말로 활극)였는데, 그래서 그런지 촬영 중에 부상당하는 사람들이 많았다. 연기가 지나치거나 부주의해서 그런 것이 아니었다고 한다. 촬영만 시작되면 이상하게도 부상자들이 속출했다. 그래서 촬영이 시작될 때마다 무당을 불러 굿을 하는 절차를 밟았다. 지금도 간혹 굿을 하는 영화가 있는데, 그것의 원조쯤이 될 법하다.『홍길동전』의 영화화는 그 후로도 계속된다.

최초의 발성영화 「춘향전」

우리 나라 최초의 발성영화는 문예영화였다. 1927년 세계 최초의 발성영화가 만들어진 후, 발성영화에 대한 열망과 관심은 전세계로 급속하게 퍼져 나갔다. 일본은 1931년 고쇼 헤이노스케 감독이 「마담과 마누라」를 만들어 발성영화의 시대를 열었고, 우리 나라는 1935년 「춘향전」(10월 4일~13일, 단성사 개봉)을 계기로 발성영화의 단계에 발을 들여놓게 되었다. 최초의 발성영화가 문예영화였으며 그것도 한국을 대표하는 소설인 『춘향전』이었다는 점은 시사하는 바가 많다.

민중이 『춘향전』에 대해 막대한 흥미를 느끼고 있음을 알고 있었던 이필우와 이명우 형제는 발성영화 「춘향전」의 기획과 연출에 매진했다. 원작은 이광수의 『일설 춘향전』을 사용했으며, 춘향 역에 문예봉이 기용되었다. 이명우가 연출을 맡았고, 이필우는 녹음·현상의 기술 분야를 전담했으며, 촬영은 두 사람이 공동으로 맡았다. 음악계의 선구자였던 홍난파가 음악을 맡았다.

당시 여건에서 발성영화를 제작하는 것은 힘겨운 일이었다. 영화 역사가 일천하고 주변 장비가 넉넉하지 못했던 우리로서는 기자재의 부족부터 노하우의 한계를 절감해야 했다. 그렇지만 과감하게 도전하면서 촬영에 임했다. 방음 설비가 되지 않아 물에 적신 멍석을 사용하여 촬영장을 방음해야 했고, 그럼에도 새어 들어오는 소음으로 인해 다시 촬영해야 하는 수고로움을 감수해야 했다. 많은 제작비로 인해 제작자 측과 이견을 빚기도 했고, 어떤 대목은 원래 계획을 변경해야 했다.

그러나 흥행은 대성공이었다. 당시 입장료치고는 비교적 고가인 1원을 받았음에도 불구하고 밀려드는 관객들로 연일 매진을 기록했다. 관객들은 영상과 일치되어 들려오는 음향에 귀 기울이며 발성영화의 매력에 흠씬 빠져들었다. 그들은 호기심 어린 눈으로 화면을 보면서 찬탄을 금치 못했다고 한다.

당시 이 영화에 대한 평을 참고하면, 한국적 미감(호흡)을 살리지 못한 점·주제의식이 약한 점(연애담에 치중)·사회적 배경을 제대로 구현하지 못한 점·영화 구조의 미학적 성취도가 낮은 점(템포 변화와 클라이맥스의 미약)·연기술이 미흡한 점을 꼽고 있지만 그럼에도 이 영화가 지니는 영화사적·당대적 가치에 대해 폭넓게 인정하고 있다. 특히 최초의 발성영화로 어려운 제작 여건을 딛고 모험적인 성공을 거둔 점에 대해 후한 점수를 주고 있다.

이 작품에서 춘향 역을 맡은 문예봉은 1923년 제작된 무성영화 「춘향전」에서 춘향 역을 맡은 한룡의 질녀였다. 문예봉은 1932년 이규환의 「임자 없는 나룻배」에 발탁되어 「춘향전」(1936)을 거쳐 많은 작품에 출연했으며 훗날 월북하여 각광받는 인민배우가 되었다.

그녀는 무성영화 최고의 여배우로 흔히 꼽힌다. 1917년 1월 3일 함경남도 함흥시 운흥리에서 태어났고 열 일곱 살에 「임자 없는 나룻배」로 데뷔했다. 그녀의 아버지 문수일(文秀一)은 나운규의 친구였으며 유명한 연극배우이자 연출가였다. 「아리랑고개」「인생항로」「장화홍련전」「애련송」 등의 영화에 출연했으며 한때는 은막에서 은퇴하기도 했다. 남편은 동양극장의 전속 작가로 유명했던 임선규였다. 두 사람은 훗날 월북하였다.

문예봉과 한룡의 인연에서 보여지듯이 「춘향전」은 계속 리바이벌되면서 많은 에피소드와 흥미로운 기록들을 만들어갔다. 지금까지 한국에서 영화화된 「춘향전」은 모두 18개(1개는 연쇄극)이며, 그때마다 한국영화의 중요한 이정표를 남기는 개가를 올렸다.

「춘향전」의 리바이벌

1922년 연쇄극으로서의 「춘향전」(취성좌)이 만들어졌고, 1923년 『춘향전』은 최초로 본격 영화화되었다. 감독은 하야가와였으며 일본인 제작진에 의해 주도되었다. 1935년 최초의 발성영화로 기획·연출된 작품도 「춘향전」(이명우 감독)이었다.

「춘향전」의 고조된 인기에 편승하여, 1936년에 한 편의 영화가 만들어졌다. 이규환의 「그 후의 이도령」이 그것이다. 변학도의 학정과 폭압에서 춘향을 구해낸 이몽룡은 민정을 감찰하기 위해서 암행을 나선다. 그러다가 산중의 외딴집에 묵게 되고 그 집 내외가 도둑임을 알게 된다. 그 내외는 고개를 넘기 위해 들르는 손님들의 물건을 약탈하고 생명을 빼앗는 흉악범들이었다. 이몽룡은 그들 내외를 잡아 관가로 넘긴다. 이러한 줄거리는 『춘향전』의 인물과 설정을 이용한 일종의 후일담에 속한다.

다시 「춘향전」이 만들어진 것은 1955년이었다. 이철혁에 의해 기획되고 이규환에 의해서 감독되었으며 전란의 와중에 침체된 한국영화의 기폭제가 된 작품이다. 해방 후 첫 번째 영화화된 「춘향전」이었다.

1950년대 후반에만 세 편의 「춘향전」이 영화화되었다. 57년에는 김향 감독의 「대춘향전」, 58년에는 안종화 감독의 「춘향전」, 59년에는 이경춘 감독의 「탈선춘향전」이 만들어졌다. 이러한 폭증은 이규환의 「춘향전」이 거둔 성공에 힘입은 바 크다.

1960년대에 들어서도 「춘향전」에 대한 열기는 사그라지지 않았다. 더구나 동시에 두 편의 「춘향전」이 개봉하여 흥행을 겨루는 미증유의 사태도 벌어졌다. 그것도 당대의 일류 감독과 대표적인 여배우가 출연하는 개성적인 「춘향전」이었다. 1961년 홍성기 감독의 「춘향전」과 신상옥 감독의 「성춘향」이 그것이다. 「춘향전」은 김지미가 주연을 맡았으며, 「성춘향」은 최은희가 주연을 맡았다. 흥행에서의 성공은 신상옥·최은희의 「성춘향」에 돌아갔다.

1963년에 이동훈 감독의 「한양에 온 성춘향」, 1968에는 김수용 감독의 「춘향」이 이어졌다. 이동훈의 「한양에 온 성춘향」은 이몽룡·성춘향 부부와 변학도의 재대결을 그린 속편 격 작품이었다. 김수용의 「춘향」은 신인 여배우 홍세미가 데뷔한 작품으로, 흥행에 크게 성공했다.

우리 나라 최초의 발성영화가 「춘향전」이었듯이, 우리 나라 최초의 70밀리 영화도 「춘향전」이었다. 1971년 이성구 감독이 최초의 70밀리 영화 「춘향전」을 발표했다. 문희가 춘향 역을 맡았다.

1972년에 이형표 감독의 「방자와 향단이」가 발표되었다.

『춘향전』의 상황을 현대에 맞게 바꾸고 꿈의 구조를 삽입한 일종의 변형된 춘향담이었다. 박노식·여운계가 출연했고 송해·서영춘도 출연했다. 코믹함이 강조된 작품이었다.

1976년에는 장미희 주연의 「성춘향전」이 박태원 감독에 의해 만들어졌다. 이덕화가 이몽룡으로 등장했고, 당시 텔레비전 드라마로 인기를 끌던 장욱재가 출연하여 코믹 연기를 선보였다.

잠시 주춤하던 『춘향전』의 영화화는 1987년 한상훈 감독의 「성춘향」으로 재개되었다. 『춘향전』은 1999년 애니메이션으로도 제작되었다. 애니메이션 「춘향전」의 감독은 앤디 김(Andy Kim)이었다. 춘향담의 기본 골격을 유지하되 현대적인 감각을 대폭 삽입하여 새로운 분위기를 연출했다. 방자와 향단이 펼치는 코믹한 연기가 차지하는 비중을 높였고 원작에 없는 캐릭터(강아지 왕방울)를 등장시켜 아기자기한 설정을 보강했다.

『춘향전』은 2000년 임권택에 의해 「춘향뎐」으로 다시 리바이벌되었다. 이 영화의 원안은 조상현의 동편제 춘향가이다. 임권택은 소리꾼이 무대에서 판소리를 부르는 설정을 영화 사이에 삽입하여 춘향의 이야기가 마치 소리꾼의 소리로 들려지는 효과를 겨냥했다. 판소리의 느낌을 살렸다는 점에 큰 특장이 있고 기존 「춘향전」과의 차별점이 있다.

『춘향전』을 영화화한 작품 중에는 원작을 충실히 모사하는 것에 역점을 두기보다는 새로운 설정을 도용하여 창의적인 「춘향전」을 만드는 것에 초점을 둔 경우도 있다. 이규환의 「그 후의 이도령」과 「한양에 온 성춘향」이 대표적이다. 두 작품은 『춘향전』의 후일담 격인 줄거리를 통해 『춘향전』을 새롭게 해석하려고 시도한 작품이다. 또 「방자와 향단이」처럼 원작의 상황을 변형하여 『춘향전』에 대한 이질적인 해석을 시도한 경우도 있다. 세 작품 모두 작품성이나 완성도에서 크게 주목받지는 못해도 기존의 해석이나 영상화와는 차별적인 시도를 보였다는 점에서 그 의도는 기억할 만하다.

사실 『춘향전』의 영화화는 기존 해석과의 차별이었고, 이전 표현 방식에 대한 도전이었으며, 달라진 영화적 환경을 실험하고 새로움을 모색하는 도전이었다. 따라서 우리 영화의 시험 무대로, 침체기를 이겨내는 활로로, 때로는 흥행의 보증수표로 그리고 무궁한 상상력의 원천으로 자리매김될 수 있었다. 그 힘은 아무래도 규정된 틀을 넘어서는 자유로운 해석과 새로운 매체와 결합된 독창적인 형식 추구에서 찾아야 할 듯하다.

나운규의 혼신어린 재기작 「오몽녀」

나운규의 마지막 작품은 「오몽녀」이다. 영화계의 총애를 한몸에 받던 나운규는 말년에 거듭되는 실패로 차츰 명성을 잃어갔다. 그는 저항과 반발의 힘에서 나온 비판적 통찰력을 영화에 투입시키는 시점에서는 정신적으로 높은 위치를 점유했으나, 현실의 영광에 취하고 속세의 욕심을 추구하는 순간에서는 주변의 빈축을 사고 한국 영화사의 영명을 실추시키게 되는 아쉬운 추락을 경험해야 했다.

　그의 추락에 대한 견해는 몇 가지로 압축된다. 일단 무절제한 생활을 들 수 있다. 그는 숱한 여성 편력(여배우와 기생)을 자랑하며 건강을 돌보지 않았다. 둘째는 오만에 가까운 독선이다. 그는 남의 말을 잘 듣지 않았다. 마지막으로 지나친 욕심이다. 그가 각색·감독·주연을 도맡아 한 경우가 많았는데, 이것은 자신의 능력을 분산시켜 결과적으로 영화의 실패를 불러오는 요인으로 작용했다.

　그러나 마지막 작품에 대한 그의 혼신어린 열정(나운규는 연출만 맡았음)은 그의 실추된 명예를 어느 정도 되살리고 있다. 흔히 나운규의 「오몽녀」는 그의 대표작인 「아리랑」의 작가 정신을 이은 작품으로 평가된다. 나라를 잃은 한국민의 처지를 오몽녀의 처지에 빗대어 현실을 비판적으로 성찰하고 있다는 영화적 해석이 가능했고, 또 이 영화에 대한 나운규의 집착이 인간적 감동을 불러왔기 때문이다. 나운규는 폐병 3기의 몸으로 촬영을 강행했고 탈진을 두려워하지 않으며 촬영에 매달렸다.

　폐결핵은 그에게 낯선 병은 아니었다. 그는 폐결핵으로 죽은 아버지를 간호하다가 젊어서 폐결핵에 감염되었다. 그 후로 폐결핵을 앓아 왔는데, 방탕한 생활과 무리한 촬영 일정으로 그즈음 그의 병은 크게 악화(폐결핵 말기)되었다. 그럼에도 그는 재기에 대한 집념과 영화에 대한 열정을 버리지 않았다. 이러한 그의 정신은 그와 그의 영화에 적대적이었던 서광제마저 감화시켜 「오몽녀」를 칭찬하게 만들었다. 서광제는 영화 「오몽녀」가 소설 「오몽녀」보다 우수하다는 말을 들었다고 말하면서, 이례적으로 나운규의 작품에 '조선미(朝鮮味)'가 있다고 상찬하며 그 가치와 의의를 높이 평가했다. 이것은 다소 지나친 태도 돌변에 해당하지만, 그래서 나운규의 영화 일생에서 「오몽녀」가 상당한 미학적 가치를 가지는 작품일 수 있음을 증명하기에 적당하기도 하다.

「순정해협」과 신경균

1937년 신경균(申敬均)의 「순정해협」이 발표되었다. 이 작품의 원작은 함대훈의 동명 장편소설이었다. 함대훈은 러시아 문학을 공부했기 때문에, 이 작품은 러시아 작가의 색채를 많이 드러내고 있다. 보통학교 교사인 준걸은 미모의 동료 교사 김소희를 사랑했지만 돈과 학벌이 있는 대학생 영철에게 빼앗기고 만다. 그런데 영철에게는 혜옥이라는 여인이 있었다. 김소희의 인생은 영철의 애를 낳으면서 더욱 비극적으로 변한다. 준걸은 자수성가한 후에 서울로 올라와서 소희와 영철을 돕는다.

원작소설은 잡지 『조광 朝光』에 실려 있다. 김소희 역은 당시 연극계에서 이름을 날리던 김영옥이 맡았고, 영철 역은 김일해가 맡았다. 김일해는 뛰어난 외모로 인해 파란만장한 생을 살아야 했던 당대의 미남 배우였다. 그는 일찍 도일해서 교토의 중학교에서 공부했고 스무 살 무렵에 제국 키네마라는 영화사에서 일했다. 주로 스포츠맨 배역을 받았는데, 실제로 스포츠 실력도 뛰어났다. 많은 일본 여자의 사랑을 받았고 자식도 하나 얻었다. 귀국해서는 「살수차」「오몽녀」「춘풍」을 거치면서 배우로서 명성을 얻어 갔고, 뛰어난 외모에 매혹된 많은 여인들과 염문을 뿌렸다. 그러다가 김영옥과 같은 영화에 출연하게 되었다. 김일해의 첫인상에 들어온 김영옥은 교만한 여자였다. 그러나 촬영장에 갇혀 한 달을 같이 지내면서 둘 사이는 급속도로 발전했고 결혼을 논할 단계까지 이르렀다. 당시 언론들이 둘 사이를 집중적으로 주목해서 이들은 난처한 상황에 빠져들게 되었다. 한때 결혼을 추진했지만 서로의 이견을 좁히지 못해 헤어지고 말았다.

이 작품은 신경균의 데뷔작이자 출세작이다. 그는 일본 영화학교를 졸업하고 J·O 스튜디오에서 영화제작과 실무를 익힌 유망한 젊은 감독이었다. 그는 이 영화를 통해 영화에 대한 야심과 실력을 보여주며 당시 영화계의 가장 젊고 정열적인 신인 감독으로 기억되었다. 그 뒤 그는 「새로운 맹세」「노들강변」 등 총 32편의 작품을 남겼다. 우리 영화사에서 뚜렷한 자취를 남긴 감독으로 성장했으며, 훗날 아들 신옥현도 뛰어난 영화 촬영기사로 성장해 한국영화의 발전에 밑거름이 되었다.

근대적 문학작품의 영화화

1939년에 접어들면서 근대소설의 영화화가 가속화되어 정비석 원작의 「성황당」, 이광수 원작의 『무정』 그리고 일본작품인 『금색야차』가 영화로 만들어졌다. 「성황당」은 방한준 감독에 의해 영화화되었다. 각색은 이일, 촬영은 김학성, 미술은 김정환, 조명은 유장산이 맡았다.

「무정」은 박기채 감독의 두 번째 작품이다. 그는 하숙집 딸이 진정한 사랑을 찾아 가출마저 결행하는 모습을 그린「춘풍」에 이어, 두 번째로「무정」을 영화화했다. 이 작품으로 한은진이 데뷔했고, 김신재·최남용·이금룡·김일해가 출연했다.

「무정」은 조선영화 주식회사의 첫 번째 작품이었다. 이 영화사는 최남주가 이재명을 고용하여 설립한 회사로 이필우, 박기채 등을 기용하였다. 그러나「무정」이 흥행에 실패하고 그 이후에 만들어진 작품 역시 흥행에 실패하면서 중역진에 변화가 생겼다. 최남주에게 돈을 대여했던 장선영이 그 돈을 투자 형식으로 바꾸어 중역의 자리에 앉으면서 경제적인 지출과 창의적인 경영이 가능해졌다. 그 후「새출발」이 흥행에 성공하면서 회사는 제 궤도에 올랐다.

「사랑에 속고 돈에 울고」는 일본소설 『금색야차』를 원작으로 했으며 이미 세 번 영상화되었던 작품이다. 1920년 이기세가「장한몽」으로 연쇄극을 만들었고, 1926년 이경손이 같은 이름으로 영화화했으며, 1931년 이구영이「수일과 순애」로 리바이벌한 바 있다.

수기를 원작으로 한 영화

1940년 8월 6일 명치좌에서 최인규의 「수업료」가 개봉되었다. 이 영화는 최초의 동시 녹음 영화였고, 소년의 수기(手記)를 원작으로 하는 문예영화였다. 최인규가 초등학교 학생의 작문을 취재하여 영화화한 것으로 그 독창성과 과감성에서 다른 이들을 놀라게 한 작품이었다. 안이한 연출 수법에 안주하기보다는 자신의 작품 세계를 탐색해 나가려는 최인규의 열정과 모색이 만들어낸 수작으로 평가되고 있다.

원작은 경일소학생신문에 입선된 광주 북정공립소학교 4년생인 우수영(영화 주인공 이름은 우영달)의 작문이다. 이 신문은 조선총독부의 어용 신문이기 때문에 부정적 시각으로 평가되기도 하지만, 이 작품에는 순수한 동심과 서정적 감동이 한껏 녹아 있다.

소학교에 다니는 영달은 수업료를 내지 못해 교사에게 구박을 받고 있다. 그의 부모는 놋수저를 만들어 파는 행상이었는데 집을 나가 들어오지 않은 지 5개월이나 되었다. 할머니가 넝마를 주어 생계를 유지했는데 할머니마저 병을 얻어 앓아누운 상태였다. 영달은 창피함을 무릅쓰고 구걸을 나간다. 그를 동정한 급우의 부모가 온정을 베풀기는 하지만 월사금(수업료) 문제로 영달은 고민이 많다. 할머니는 영달에게 평택에 있는 고모에게 가서 월사금을 달라고 하라고 이야기한다. 영달은 60리 길을 걸어 고모에게 도움을 청하고 월사금과 쌀을 받아 돌아온다. 그런데 그의 딱한 사정을 안 급우들이 의논을 해서 영달을 돕기로 했다는 소식이 전해진다. 그리고 멀리가 있던 부모님이 돈을 보내오면서 곧 돌아오겠다는 전갈을 보내온다. 영달은 어려움을 이겨내고 행복한 결말을 맞이하게 된다.

영달에게 닥쳐오는 어려움과 이에 대처하는 영달의 태도는 감동을 불러일으키기에 손색이 없다. 최인규는 아이의 마음으로 본 아름다운 세상의 모습을 스크린 위에 그려 보고자 했다. 당시 영화 프로그램은 다음과 같이 선전하고 있다. "소학교 4학년 아동이 지은 작문에 묘사된 세상. 그 순진한 영혼이 천진스럽고 솔직히 서술하는 생활의 기록 앞에서 마음 흔들리지 않는 사람이 몇이나 있으리오!" 천진한 소년을 연기한 배우는 정찬조(원작자와 동갑)였고, 할머니 역은 복혜숙이, 어머니 역은 김신재가 맡았다. 당시 복혜숙의 나이는 36세였는데 어찌나 이 역을 잘 소화했는지, 그 후 심심찮게 노인 역을 맡게 되었다.

격동과 변화의 시대에 서서
: 문예영화의 실험과 도전

어린이 연속극의 영화화 「똘똘이의 모험」

「똘똘이의 모험」은 본래 김영수가 집필한 KBS라디오의 어린이 연속극이었다. 이 작품은 흔히 우리 나라 최초의 일일연속극으로 알려져 있다. 이 연속극이 극영화로 만들어져 1946년 9월 7일 극영화로 개봉되었다. 「똘똘이의 모험」은 해방 후 제작된 최초의 극영화이기도 하다. 이규환이 감독을 맡았고, 복혜숙과 한은진, 손전, 최성관 등이 출연했다.

복혜숙은 특이한 이력을 가진 배우이다. 당시의 여배우는 기생 출신이 많았고 설령 그렇지 않다고 해도 학업 수준이 그리 높지 않았다. 무작정 상경하여 배우가 되겠다고 나선 경우가 많았다. 대표적인 인물이 김정숙이다. 복혜숙은 그런 배우들에 비하면 상당히 높은 학력을 지니고 있었다. 그녀는 1904년 대천에서 출생했다. 훗날 서울에서 이름 높았던 목사(卜箕業)의 딸이었으며 이름은 복마리아(卜瑪里亞)였다. 이화여고를 졸업하고 16세에 도일하여 일본 유학(요꼬하마 고등기예학교)을 했다. 18세에 동경의 무용 연구소(澤林)에 들어가 연구생으로 입학했다가 아버지를 따라 귀국하여 강원도에 있는 미션계 학교(金華여학교)의 교사가 되었다. 그러나 그녀는 일본에서 연극의 매력에 푹 빠진 이후였다. 복혜숙은 연극에 대한 열정을 버리지 못하고 학교에서 도망쳐 서울 단성사에 기거하다시피 출입했다.

1920년대 단성사가 활동사진 상설관이었을 무렵, 매일 신극좌의 공연을 보러 오는 세 명의 처녀가 있었다. 당시는 극장에 여자석이 따로 있었는데, 대부분 기생이나 소실(小室)인 경우가 많았다. 그런데 처녀가, 그것도 세 명이 며칠 동안 나란히 앉아 공연을 보았으니 단연 눈에 띄지 않을 수 없었다. 그 중에서도 유독 눈에 띄는 인물이 복혜숙이었고, 이를 계기로 복혜숙은 신극좌의 단원이 되었다.

극단원이 된 복혜숙은 극단을 따라 지방 공연에 돌입했다. 아버지는 복혜숙의 처사를 이해하지 못하고 절연을 선언했다. 그럼에도 복혜숙은 자신의 뜻을 굽히지 않았고 토월회의 공연(당시는 이월화가 나간 후 적당한 여배우가 없던 시절이었다)을 거쳐 나운규의 「농중조」에 발탁되었다. 그녀는 그 후 꾸준한 인기를 얻으며 많은 작품에 출연했다. 무대에서 쌓은 연기력과 배우에 대한 열정 그리고 천부적인 자질이 그녀를 은막의 스타로 성장하여 활동할 수 있도록 도왔다. 이월화나 김정숙, 이채전(이채전도 교사 출신이다) 같은 여배우들이 쉽게 그리고 빨리 은막에서 사라진 것과는 자못 비교된다.

「똘똘이의 모험」은 트럭을 이용하여 창고에서 쌀을 훔쳐가는 도둑들이 그 쌀을 북한으로 보내려는 계획을 세우자, 계획을 알게 된 소년들이 기지를 발휘해서 일당을 사로잡는다는 내용이다. 어린이들이 흥미진진하게 볼 수 있는 형식이었으며, 반공 이데올로기를 이용한 작품이었다. 일일연속극 대본을 문학작품으로 간주할 수 있느냐는 논란이 없는 것은 아니지만, 「똘똘이의 모험」은 소설과 희곡만이 아니라 방송극 대본도 시나리오로 각색될 수 있음을 알려주는 귀중한 사례이다. 이것은 만화를 원작으로 하는 문예영화와 마찬가지로 문예영화의 범위와 시야를 넓힐 수 있는 중요한 단서이다.

영화계의 새로운 신호탄 「춘향전」

해방기와 한국전쟁기를 거치면서 한국영화의 기반은 크게 취약해졌다. 영화의 스타일도 기록영화와 전쟁영화가 주류를 이루었으며, 영화계 전체가 침체되었고 관객들은 좋은 영화를 찾을 수 없어 영화를 외면하는 실정이었다. 물론 문예영화도 거의 제작되지 않았다.

이때 침체된 영화계에 활력을 불어 넣으며 우리 영화의 나아갈 길을 제시한 작품이 「춘향전」이었다. 1955년 조미령(성춘향)·이민(이몽룡) 주연, 이규환 감독의 「춘향전」이 만들어졌다. 1954년 여름 대구에서 촬영을 시작하여 1955년 1월 16일 국도 극장에서 개봉되었다. 이 영화는 2개월의 장기 상영을 기록했는데, 서울 인구 백 오십만 명 가운데 십 이만 명이 보는 흥행 실적을 거두었다. 서울 변두리는 물론, 인천이나 수원 등지에서 단체 관람객들이 몰려들어 극장 주변 교통이 마비될 정도였다. 몰려드는 관객들을 기마 경찰이 해산한 경우도 있었고 영사실 까지 관객들이 들어가 관람한 경우도 있었다. 젊은이들의 사랑과 이별 그리고 재회를 서정적인 영상으로 재구성하여 관객들의 호응을 이끌어낸 것이 최대 성공 요인으로 꼽히고 있다.

이 영화는 한국영화 재생의 밑거름이 된 작품으로 평가되고 있다. 또 18차례 영화화된 「춘향전」 가운데 가장 뛰어난 작품으로 거론되기도 한다. 조미령과 이민은 흥행성과 작품성을 고루 갖춘 이 작품으로 인해 스타덤에 올랐다. 조미령과 이민 외에 다른 출연진들도 주목을 받았다. 방자 역에 전택이, 향단 역에 노경희, 변학도 역에 이금룡, 월매 역에 석금성이 출연했는데, 이금룡과 석금성은 개성 있는 연기로 주목을 받았다. 석금성은 개성적인 악역을 해내는 연기파 배우였는데, 이 작품에서 '감초' 역할을 톡톡히 했다.

특히 변학도(이금룡)와 춘향(조미령)의 바닷가 신이 인상적으로 처리되었다. 이규환은 고전적인 분위기에 구속되지 않고 변학도와 춘향이가 쫓고 쫓기며 바닷가를 달리는 장면(옥중 환상)을 삽입했다. 이 장면을 찍기 위해 부산 다대포에서 현지 로케이션을 벌이기도 했다. 당시 이규환 감독 연출부에 참여한 이들이 유현목·정일택·하한수였는데, 이들은 후에 한국영화의 중요한 동량이 된다.

이 영화의 성공으로 한국영화는 회생 기회를 맞이하게 되었고, 한동안 사극의 활성화가 이어졌다. 그 여파는 문예영화에도 파급되었다. 전창근 감독이 이광수의 역사소설을 각색하여 「단종애사」를 만들었고(56년), 신상옥 감독이 현진건의 역사소설을 각색하여 「무영탑」을 만들었다(56년). 조선 후기 천주교 신자들의 박해와 순교를 그린 박계주의 원작소설 『구원의 정화』가 영화로 만들어지기도 했다. 「단종애사」는 훗날 청춘영화의 대명사 격 배우가 되는 엄앵란의 데뷔작품이다. 역사소설을 영화화한 문예영화로 인해, 사극의 활성화는 한층 가중되었다.

해외 영화제에서 거둔 최초의 성과

영화 「시집가는 날」은 오영진의 희곡(「맹진사댁 경사」)을 각색하여 만든 작품이다. 욕심 많은 맹진사는 신분 상승을 위해 건너 마을 김판서의 아들과 자신의 딸을 결혼시키려 한다. 혼사가 이루어지고 난 이후에야 김판서의 아들이 절름발이임을 알게 되고 고민에 휩싸인다. 그러다 곧 자신의 딸 갑분이를 몸종 입분이로 대체하여, 결혼은 하면서도 딸을 보호하는 꾀를 생각해낸다. 그러나 결혼식장에 들어온 사위는 뛰어난 외모와 헌앙한 체격을 자랑하는 보기 드문 미남자였다. 숨겨둔 딸을 부르러 보내며 시간을 끌어보지만, 맹진사의 아버지인 맹노인이 끼어들면서 혼사는 그대로 진행되고 만다. 김판서의 아들 미언은 몸종에 불과하다는 입분이의 자백을 듣고도 갑분이가 아닌 입분이를 아내로 맞이한다.

이 작품은 해학적이다. 그 해학은 신부가 바뀌고, 꾀를 부린 사람이 제 꾀에 넘어가며, 자신의 희생을 감수한 입분이가 상을 받는 구조에서도 연원하지만, 맹노인과 맹진사의 희극적인 움직임과 말투에서도 도움을 받고 있다.

이병일 감독은 이 작품을 제작하였고 아시아 영화제에 출품하였다. 그 영화제에서 특별희극상을 받았는데, 이것이 한국영화 최초의 해외 영화제 수상기록이다. 해외 영화제에서 거둔 첫 성과라는 점에서 의미를 찾을 수 있다. 이 밖에 베를린과 시드니 영화제에도 출품되었다.

조미령이 입분이 역을 맡았고, 맹진사 역은 김승호, 맹노인 역은 송해천이 맡아 웃음을 배가시켰다. 석금성이 맹진사의 처로 나와 제 꾀에 빠진 맹진사댁의 난처함을 보여주었다. 이 영화의 성공 요인 중에서 김승호의 연기력을 빼놓을 수 없다.

장안의 화제 「자유부인」

영화 「자유부인」은 멜로드라마 최초의 히트작이다. 1954년

정비석이 「서울신문」에 연재한 소설 『자유부인』을 한형모 감독이 영화화하여 1956년 6월 9일부터 수도극장에서 상영하였다. 박암과 김정림이 주연을 맡아 대학교수와 그 부인 역을 연기했다. 대학교수는 부인이 춤바람이 난 사실을 알고 있지만 돌아올 때까지 끈질기게 기다린다. 그러던 중 대학교수는 여대생과 바람을 피우게 된다. 춤바람이 났던 부인이 잘못을 뉘우치고 가정으로 돌아오는 것이 결말이다.

한형모는 촬영기사로 출발하여 영화계에 입문했고 일본에서 영화를 공부하고 돌아와 감독으로 변신했다. 이 작품은 신문에 연재될 당시부터 각별한 주목을 받았는데, 그것은 유교 윤리가 지배하던 사회에서 유부녀의 탈선과 성개방이라는 파격적인 목소리를 담아냈기 때문이다. 『자유부인』이 뜨거운 주목을 받으면서 지면 논쟁이 벌어지기도 했다. 황산덕 교수(서울대)가 교수의 명예를 실추한 것에 대해 글을 발표하자, 원작자인 정비석이 응수하면서 시작된 논쟁이었다. 덕분에 소설의 주가가 높아졌고 영화의 흥행에도 상당한 기여(?)를 했다.

흥행에 성공하면서 영화는 장기 상영되었다. 십 일만 명의 관객이 이 영화를 보았다고 한다. 이러한 성공에 힘입어 그 다음해(1957년) 속편이 개봉되었다. 일단 집으로 돌아온 대학교수의 부인(김정림)이 다시 집을 나와 불륜을 저지름으로써 가정이 완전히 파탄하는 구조로 되어 있다. 역시 박암이 대학교수 역을 맡았다.

이 영화는 그 후 세 번 더 리바이벌된다. 1969년 강대진 감독의 「자유부인」에서는 김진규와 김지미가 출연했고, 1981년 박호태 감독의 「자유부인」에서는 최무룡과 윤정희가 출연했으며, 1990년 박재호 감독의 「자유부인」에서는 고두심이 출연하였다.

1986년에 박호태 감독의 「자유부인 2」가 제작되어 같은 해 3월 8일에 개봉되기도 했다. 「자유부인 2」의 대강의 줄거리는 다음과 같다. 1대 자유부인이 죽자 남편인 대학교수가 재가를 하여 20대의 황유영을 처로 맞이하게 된다. 나이 차로 인해 황유영(이수진 분)은 남편과의 결혼 생활에 마찰을 빚고 결국에는 제2대 자유부인이 된다. 남편은 새 아내의 부정을 알게 되자 충격을 받고 사망한다. 이를 계기로 새 아내는 아내의 진정한 도리를 깨닫게 된다. 다분히 「자유부인」을 염두에 둔 스토리텔링이지만, 이러한 속편과 리바이벌 작품을 통해 당시의 인기를 가늠할 수 있다.

문예영화의 고조되는 열기

「자유부인」의 성공은 문예영화에 대한 관심을 일시적으로 고조시켰고 상당한 문학작품들이 영화화되었다. 1956년 추리소설의 선구자인 김내성의 원작을 영화화한 「애인」이 개봉되었다. 홍성기 감독이 만든 이 영화는 한 여자를 사이에 두고 결투를 벌이는 두 남자의 이야기를 극화하고 있다. 주증녀, 이예춘, 전택이가 출연하였다.

김내성의 원작이 영화화된 작품 「마인」을 꼽을 수도 있다. 한형모가 감독을 맡고, 이용·이민자·이빈화가 출연했다. 세계적인 무희 공작부인은 자신의 아버지가 백영호에게 살해되었다고 믿고, 복수를 위해 백영호와 결혼한다. 그녀가 백영호와 그의 가족들을 죽여 나가면서 사건이 벌어지고, 민완 탐정인 유불란이 수사에 뛰어들어 사건을 밝혀낸다.

두 작품은 추리소설의 구조를 이용하여 영화의 재미를 불러일으키려는 제작 의도를 가지고 있었지만, 작품성이나 흥행 면에서 그다지 큰 성과를 거두지는 못한다. 다만 추리소설의 영화화를 통해 문예영화의 범위를 넓혔다는 점에서 의의를 가진다.

이 밖에도 계용묵 원작의 「백치 아다다」(1956년, 이강천 감독)가 영화화되었다. 대중소설 중에서는 김말봉 원작의 「찔레꽃」(1957년, 신경균 감독)과 「생명」(1958년, 이강천 감독), 박계주 원작의 「순애보」(1957년, 한형모 감독) 그리고 이광수 원작의 「황혼열차」(1957년, 김기영 감독)가 영화화되었다. 한형모 감독은 대중소설의 영화화에 깊이 관여했다.

특이한 문예영화로 이용민 감독의 「산유화」를 들 수 있다. 이 작품은 1957년 4월 20일 중앙극장에서 개봉되었다. 이 작품의 각색자는 정비석인데, 작품의 모티프를 김소월의 시에서 가져왔다. 한 남자와 두 여자의 연정 관계를 중심으로 하여 아련한 사랑의 비극을 다룬 작품이다. 이것은 시를 원작으로 하는 문예영화에 속하는 드문 예이다. 1990년대에 장정일의 시를 영화화한 작품(「301·302」)이 있었는데, 비근한 예에 속한다.

김지미와 안성기의 데뷔작

1957년 10월 31일에 개봉된 「황혼열차」는 김기영 감독의 작품이다. 원작은 이광수의 『애욕의 피안』이었으며, 각색자는 임희재였다. 이 작품은 두 배우의 데뷔작으로 더 유명하다. 한 사람은 김지미이고, 다른 한 사람은 안성기이다.

김지미(본명 김명자)는 한국영화를 대표하는 배우 가운데 한 사람이다. 1992년 이장호 감독의 「명자 아끼꼬 쏘냐」로 은퇴할 때까지 무려 700여 편의 영화에 출연한 바 있으며, 영화인협회 부이사장·지미필름 창립자·한국영화인협회 이사장 등을 겸임하며 영화계 안팎에서 활발하게 활동하였다. 안성기는 데뷔 이후 지금까지 70여 편의 영화에 출연하며 한국영화를 이끌어 온 '국민배우'이다. 그는 성실한 태도와 안정된 연기력으로 한국영화를 지켜 오고 있다. 이 밖에도 박암과 최삼, 도금봉이 이 영화에 출연했다.

극 중에서 박암과 최삼은 도금봉을 사이에 두고 경쟁을 벌인다. 김지미는 최삼의 딸인데 박암을 좋아한다. 최삼은 박암을 싫어하지만 딸의 사랑이 변함없는 것을 알고 둘을 결혼시킨다. 극 중에서 박암은 고아원을 운영하고 있는데, 안성기가 맡은 역은 고아원 원생이었다.

양산되는 춘향전과 50년대 말엽의 문예영화

1957년 2월 16일 김향 감독의 「대춘향전」이 시네마코리아에서 개봉되었다. 박옥진과 박옥란이 출연한 「대춘향전」은 여성국극단에 의해 만들어졌다. 1950년대 여성국극은 상당한 인기를 모으며 전성기를 구가했는데, 여성국극단이 공연한 창극을 영상으로 옮긴 것이 바로 「대춘향전」이었다.

1958년 10월 11일 안종화 감독의 「춘향전」이 중앙극장에서 개봉되었다. 최현, 고유미, 전옥이 출연하였다. 안종화는 본래 연기자로 출발한 영화 감독이었다. 그는 여러 분야에서 두각을 드러냈는데, 작가·행정관·교육자·저술가로서 한국영화 발전에 상당한 공헌을 했다. 그는 대대로 서울에서 살아온 서울 토박이였다. 봉명중학 시절부터 연극과 영화에 관심을 가져 예림회라는 극단을 조직해 지방 공연을 다닐 정도로 열정적이었다. 조선 키네마사의 「해의 비곡」과 「운영전」(문예영화) 그리고 「암광」(1925년)에서 주연으로 등장하면서 당시로서는 가장 안정적이고 주목받는 주연 배우로 인식되었다. 1927년 '조선영화예술협회'를 창립해서 후학을 기른 바 있으며, 1928년부터 해방 전까지 7편의 영화를 감독했다. 그의 영화 중 「인생항로」와 「청춘의 십자로」가 1938년 조선일보사 개최 영화제에서 관객 투표 한국영화 베스트 10에 들 정도로 많은 사랑을 받았다. 해방 후에 그는 7편의 영화를 만들었는데 「춘향전」도 그중 한 편이다.

1960년 9월 9일 이경춘 감독의 「탈선춘향전」이 반도극장에서 개봉되었다. 박복남, 복원규, 김해연이 출연하였다. 패러디 코믹 에로물로 제작되었다.

한편, 이광수의 소설을 이강천 감독이 배경을 현대로 바꿔 만든 「사랑」(1957년, 국도극장)이 개봉되었다. 이광수의 소설은 꽤 여러 번 개작되었는데, 이 작품도 그중 하나이다.

1959년 양훈·양석천이 출연한 「흥부와 놀부」가 만들어졌다. 이 작품은 고전소설 『흥부전』을 각색한 작품으로 김화랑이 감독하였다. 이 작품은 정치권력과 결탁하여 영화계의 이권을 좌우한 '정치깡패' 임화수가 제작을 맡았다. 임화수는 거대한 자본과 막강한 정치적 권력을 동원하여 연예계에 뛰어들었다. 그는 '한국연예주식회사'를 세워 영화계의 패권을 잡았다. 자유당 정권과 상당한 유대를 가지고 있었던 그는 한동안 영화계와 배우들을 좌지우지하였지만, 5.16 쿠데타 후에 3.15 부정선거와 관련하여 처단되었다.

홍성기의 문예영화

1958년 5월 31일 국제극장에서 홍성기 감독의 「별아 내 가슴에」가 개봉되었다. 원작자는 박계주였고 각색자는 시인 이봉래였으며 김지미와 이민이 주연을 맡았다. 1957년에 개관한 광화문 국제극장(개관작은 외화 「세레나데」)에서 「별아 내 가슴에」가 상영되며 큰 인기를 모으자 방화 붐이 일어났다. 이 영화는 큰 인기를 끈 것 이외에 또 다른 화제 거리를 남겼다. 그것은 동양 제일 미인으로 불리던 김지미와 당대의 흥행감독으로 이 영화를 감독한 홍성기의 결혼 소식이었다.

같은 해 홍성기는 조남사 원작의 「산넘어 바다건너」를 만들었다. 홍성기 감독이 직접 촬영한 점이 특이하다. 고아인 윤경이 주변 사람들로부터 버림과 배척을 받으면서 분루를 삼킨다는 멜로드라마이다. 김지미가 출연했다.

다음해 홍성기는 영화 「청춘극장」을 만들었다. 이 영화는 김내성의 원작소설을 최금동이 각색한 것이다. 김내성은 이 소설을 8년 동안 집필했다. 내용은 일제의 가혹한 탄압 하에서도 꿋꿋하게 저항하며 한편으로 서로의 사랑을 쌓아나가는 젊은 남녀의 이야기이다. 김진규와 김지미가 주연을 맡아 열연했다. 10만 명 정도가 보았을 것으로 추산되는 흥행작이었다.

이 영화는 이후 두 번 더 리메이크된다. 처음이 1967년 강대진 감독에 의해서이고 다음은 1975년 변장호 감독에 의해서이다. 67년 작품에서는 신성일·고은아가 주연했고 윤정희가 데뷔했다. 75년 작은 신영일과 김창숙이 주연을 맡았다. 67년 작품은 15만 명 정도가 보았을 것으로 추산되고 있다.

홍성기 감독은 신문 연재소설이었던 「비극은 없다」(홍성유 원작)를 발표했다. 원작은 6.25 전쟁으로 인해 젊은이들이 수난을 겪으면서도 서로 사랑하는 이야기로 당시 상당한 인기를 모은 바 있다. 유현목의 「구름은 흘러가도」도 주목받는 작품이다. 이 작품의 원작은 실화 일기이다. 원작자는 안소임(안말자)이다. 10대 소녀 안말숙은 아버지가 없는 가난한 집의 딸이다. 안말숙의 형제들(4남매)은 가난으로 인해 흩어져 살게 된다. 말숙은 형제들을 그리워하며 일기를 쓰기 시작하는데, 그 일기가 책으로 출판되면서 베스트 셀러가 된다. 또 주위의 많은 사람들이 이들 형제에게 온정을 베풀면서 그들은 다시 모여 살게 된다. 문교부 우수 영화상을 받았고 시드니 영화제에 출품되었다.

1928년에 태어난 홍성기는 어릴 때부터 영화에 관심을 가졌고 일찍부터 글쓰기에 소질을 발휘했다. 19세에 시나리오「파문」이 당선되어 학교를 다니면서 일본 감독 우찌다도모에게 사사했다. 1943년 4월 만주 영화협회 제작부 연출과 조감독으로 임명되었고 해방 후에 고려 영화사에 입사하여 영화인의 길을 걷기 시작했다. 1948년「여성일기」의 감독으로 데뷔했고, 1954년에 발표한「출격명령」으로 세인의 주목을 받았으며, 1961년 최초의 천연 시네마스코프「춘향전」을 만들었다.

「출격명령」은 우리 나라 최초의 공군영화로, 사랑하는 어머니와 연인을 북에 두고 월남한 공군 파일럿의 이야기를 골자로 하고 있다. 북녘에 연인을 두고 온 남자 주인공의 안타까운 심정은 당시 민중들의 뜨거운 눈물을 자아낸 것으로 유명하다. 이 영화는 10년 뒤 유행한「빨간 마후라」(신상옥 감독)와 함께 대표적인 공군영화로 꼽힌다.

홍성기와 신상옥 감독의 인연이 벼랑 끝에서 만난 영화가「춘향전」(신상옥은「성춘향」)이다. 두 감독은 당대의 대표적

여배우를 기용한 감독으로 그리고 두 여배우의 남편으로 한판 승부를 벌이게 된다.

두 개의 「춘향전」과 마지막 승부

1961년은 벽두부터 영화계가 소란했다. 두 편의 「춘향전」이 거의 동시에 개봉되었기 때문이다. 먼저 홍성기의 「춘향전」이 관심을 끌었다. 홍성기가 당시 최고의 흥행 감독으로 주가를 높이던 시절이었다. 홍성기는 김지미라는 최고의 여배우를 춘향으로 캐스팅하여 작품의 제작에 돌입했다. 이몽룡 역은 신귀식, 방자 역은 김동원, 향단 역은 양미희, 변학도 역은 최남현, 월매 역은 유계선이 맡았다. 촬영·조명·각색을 맡은 스탭도 전체적으로 고른 수준을 유지하고 있었다. 1961년 1월 18일 국제·국도극장에서 개봉되었다. 그러나 이 작품은 흥행에 참패했다. 실패의 요인으로 꼽힌 것이 미스 캐스팅이었다. 특히 약방의 감초 같은 역할을 하며 「춘향전」에 활기와 유머를 불어넣어야 할 방자와 향단 역의 미스 캐스팅을 지적하는 소리가 높았다.

신상옥 감독의 「성춘향」은 1961년 1월 28일 명보극장에서 개봉되었다. 최은희가 춘향 역을 맡았고, 김진규(이몽룡 역)·도금봉(향단 역)·허장강(방자 역)·한은진(월매 역)·이예춘(변학도 역)·김희갑(포졸 역) 등 당대의 유명 배우가 출연했다. 각색은 임희재가 담당했다. 당초 이 영화는 1960년 추석 개봉을 목표로 했지만, 조금 늦어져서 다음해에 개봉되었다.

두 작품은 원작이 같다는 점 이외에도, 라이벌 감독이 메가폰을 잡았다는 점, 본격적인 컬러영화로 제작되었다는 점(당시 대부분의 한국영화가 35㎜ 흑백영화였다), 당대의 톱스타인 여배우를 기용했다는 점 그리고 그 여배우가 감독의 부인이라는 점에서 공통점이 있었다. 이러한 공통점은 세간의 이목을 집중시켰다.

두 작품에 대한 예상에서 홍성기 감독의 우세가 점쳐졌었다. 지방 흥행업자도 「춘향전」에 더 많은 관심을 두었고 「성춘향」은 제작비 부족에 시달릴 정도로 곤궁한 형편이었다. 그러나 제작진의 열정과 출연진의 연기 능력으로 단점을 보완한 결과, 흥행에 성공한 작품은 「성춘향」이었다. 8천만 원의 제작비로 38만 명의 관객을 끌어들이며 75일간 장기 상영되었다. 이 작품의 성공으로 신상옥은 그 이후 안정적인 제작 환경에 처할 수 있었다.

1960년대 인기 절정을 누리던 두 스타의 대결은 큰 주목을 받았다. 고전적인 외모의 최은희와 현대적 감각의 김지미는 자존심을 걸고 대결했지만, 결과적으로 최은희가 승리했다. 이러한 대결과 승부는 관객들의 관심과 호기심을 자극했다.

대중 미학적 관점에서 보면 홍성기의 패배가 자명했다. 홍성기는 롱 쇼트에 의존하는 촬영방식을 고집했고 인물에 대한 클로즈업을 거의 사용하지 않았다. 이것은 '넓은 배경 속에 작은 인물'이라는 극단적 화면배치를 가져왔다. 또 고정된 카메라 위치를 고집함으로써 대중들의 시야를 제한했다. 이것은 인물에 대한 감정적 몰입을 방해했고, 이몽룡과 성춘향의 사랑 이야기에 빠져들고 싶어하는 관객들의 욕구를 파괴했다. 신상옥 감독은 상대적으로 유연한 카메라 테크닉과 편집으로 관객들이 몰입하기에 적당한 「춘향전」을 만들었다. 목을 빼고 보아도 보이지 않는 영화와 자연스럽게 이야기 구조로 빨려 들어가는 영화 사이의 승패는 어쩌면 처음부터 그 결과가 정해져 있었는지도 모른다.

영화사의 걸작들과 그 미학
: 문예영화의 정점과 그 이후

발성영화 최고의 수작「오발탄」

한국영화진흥공사가 선정한 광복 50년 한국영화 베스트 10에서 당당히 1위를 차지하는 작품이「오발탄」이다. 흔히 한국 리얼리즘 영화의 최고봉으로 꼽히는 이 작품은 이범선의 동명 원작소설을 각색하여 만든 문예영화이다. 제작자는 조명기술의 개척자로 알려진 김성춘이었다. 감독은 유현목이었고, 최무룡·김진규·서애자·김혜정·노재신 등이 출연하였다.

소설의 본래 주인공은 계리사(計理士)를 하며 식구들을 부양하는 첫째 아들 철호(김진규 분)이다. 철호는 가장의 역할을 착실하게 수행함으로써 당시 사회와 가정에 만연했던 패배감과 혼란을 극복하려 하지만, 그의 노력은 헛되게 허물어진다. 그의 절망은 미루어 두었던 사랑니 두 개를 뽑고 죽어가면서도 갈 곳 몰라 하는 모습으로 표현된다. 그러나 영화에서의 주인공은 둘째 아들 영호(최무룡 분)에게 넘어온다. 영호는 형과 달리, 은행을 털어 일확천금의 꿈을 이루려 한다. 영화의 비중이 옮겨오면서, 은행 강도 행각 또한 상세하게 드러나게 된다. 두 아들과 함께 문제적 삶을 보여주는 이가 딸 명숙(서애자 분)이다. 명숙은 양공주가 되는데, 영화에서는 그 이유를 약혼자인 경식의 부상과 파혼으로 상정하고 있다. 영호와 경식은 상이용사로 전쟁에서 입은 육체적·정신적 상처에서 완전히 벗어나지 못하고 있다. 경식은 이를 기화로 명숙과의 파혼을 결정하고, 명숙은 자포자기하며 양공주가 된다. 세 남매의 혼란과 뒤얽힌 운명으로 인해 「오발탄」에 비친 사회 풍경이 확대되는데, 그 안에 상이용사·부정정권·빈부격차·실업문제·이념 대립의 문제가 포착된다.

이 영화는 부패한 자유당 정권 말기의 사회상을 그리는 것에 초점을 두고 있다. 전쟁의 상처도 아물지 않은 시점에서 정권의 부정은 더욱 큰 혼란을 초래했다. 자유당 말기에 시작되었던 「오발탄」 촬영은 4.19 의거를 거치면서, 이러한 혼란을 비판적으로 조명할 수 있는 기회를 얻게 된다. 특히 이 작품의 전문 조명기사였던 김성춘이 사재를 털어 이 영화의 뜻을 기리는 등 많은 제작진들이 보수문제를 차치하고 제작에 투신함으로써 뜻깊은 제작이 이루어진다.

1961년 4월 13일 「오발탄」은 일차 개봉된다. 그러나 5.18 군사 쿠데타가 일어나면서 영화의 상영은 금지되고 제작진은 어려움에 처한다. 노파의 대사 가운데 '가자!'라는 어구의 상징적 의미가, 북한을 지향하고 사회를 반대하는 행위로 지적되었기 때문이다. 유현목 감독과 적지 않은 스텝들이 이 문제로 크게 고초를 당했다. 후에 유현목은 '가자'가 '인간이 사람답게 살 수 있는 이상향'을 뜻한다고 말한 바 있다. 「오발탄」은 샌프란시스코 영화제 출품을 계기로 상영 정지가 해제되고서야 1963년 을지극장에서 재상영될 수 있었다.

「오발탄」은 원작의 중심이었던 철호의 비중을 줄이고, 새로운 세대의 문제아인 영호의 비중을 증가시켰다. 그러면서 영호를 중심으로 이야기를 확대하여 철호 집안 사람들의 이야기와 나란하게 진행되도록 배치했다. 이러한 배치는 플롯의 진행을 다층적으로 형성하게 했다. 또 집단 주인공 체제(철호, 영호, 명숙)를 도입함으로써 당시 사회를 보다 상세하게 보여주는 것에 일조했다.

이러한 작가 정신은 카메라 기법으로도 나타났다. 롱 쇼트를 통해 우리 사회의 구석구석을 포착하겠다는 일념을 보이고 있으며, 흑백 영상의 대조로 암울한 사회의 명암을 표현해내고 있다. 폐쇄 공간을 이용하고 상징적인 대사를 부각시킨 점도 크게 의미가 부여되는 사항이다. 이 밖에도 비행기의 소음과 노모의 절규가 빚어내는 음향적 효과가 주목받고 있다.

원작을 되찾아야 할 문예영화

「어밀레 종」은 일제 강점기에 쓰여지고 공연된 함세덕 희곡이다. 이 당시 함세덕은 스케일이 큰 역사극에 소질을 보였는데 이 작품 역시 그러하다. 그런데 함세덕이 월북을 하면서 남한에서 그의 작품에 대한 독서와 열람이 금지된다. 그러나 그의 작품과 공연에 대한 향수와 감흥은 남아 있었던 듯, 1961년 「에밀레종」이라는 이름으로 그의 작품이 영화화된다.

금지작가였기 때문에 원작에 대한 언급은 없었다. 최금동이 각색했다는 사실만 기록될 뿐, 원작이 없는 영화처럼 처리되고 만 것이다. 이를 바로잡기 위해서 원작과 시나리오를 비교해서 그 공통점을 밝혀 보겠다.

원작에서 종을 만드는 장인은 미추홀이다. 그의 스승은 하전인데 봉덕사 종 제작에 나섰다가 실패를 거듭하고 자결한다. 미추홀은 죽은 스승의 명예를 회복해야 할 임무를 지니게 된다. 당시 임금이었던 혜공왕에게는 시무나라는 누이가 있었는데, 그 누이가 미추홀을 사랑하게 된다. 두 사람은 신분을 초월한 사랑에 빠지지만, 주위의 반대가 만만치 않다. 두 사람을 가로막는 요인에는 신분의 격차도 있었지만, 정치적인 정략결혼과 짝사랑하는 남자도 포함된다. 당나라 왕자 범지는 시무나를 아내로 맞이하려 하고 신라의 귀족들은 이를 은근히 종용한다. 정통 신라 귀족인 김체신도 시무나를 사랑한다.

중심 줄거리는 미추홀이 종을 만드는 과정에 있지만, 그것과 함께 시무나와 미추홀 그리고 남자들이 벌이는 삼각관계의 이야기도 병진(竝進)된다. 신하들은 종 제작과 결혼 문제를 두고, 신라의 전통을 지키자는 측과 외세(당나라)에 의존해야 한다는 측으로 나뉘어 있다. 등장하는 여성들은 길쌈놀이를 하면서 시무나와 무라사키(일본인) 두 그룹으로 나뉘어지는데, 두 그룹은 서로를 신뢰한다(이 대목은 친일 성향을 드러내는 대목인데, 영화에서는 삭제된다).

원작의 이러한 설정은 각색 시나리오 「에밀레종」에 거의 그대로 나타난다. 시나리오의 종장(鐘匠)은 참마루이고, 혜공왕의 누이는 연화공주이다. 연화공주를 사랑하는 정혼자는 김아랑이다. 그는 당대의 귀족으로 친당파 수장의 아들이다. 신하들은 역시 신라 정통파와 외세 의존파로 나뉘어 있으며, 그러한 나뉨은 종 제작과 혼사 문제에까지 연루된다. 여자들이 길쌈놀이를 하면서 두 패로 나뉘는 것도 같다. 애정 구도는 조금 다르지만 삼각관계를 응용하고 있으며 그 중심에 종장과 공주가 놓인다는 점이 또한 같다.

원작과 시나리오는 공통적으로 두 개의 사건 진행을 취한다. 장인이 종을 완성하는 이야기가 주도적 사건 진행이라면, 그 과정에서 피어나는 장인과 공주의 사랑 이야기는 보조적(부차적) 사건 진행(보충 지선)을 형성한다. 두 개의 사건 진행은 서로 얽혀지면서 전개된다.

먼저 주도적 사건 진행을 보자. 두 작품에서 종 제작에는 막대한 어려움이 따른다. 원작에서 하전은 6번 실패한 끝에 자살하고, 이를 이어받은 미추홀은 구리 연기에 눈이 머는 불상사를 겪으며 종을 완성한다. 시나리오는 종 제작의 어려움을 더욱 직접적으로 그려낸다. 종장 참마루는 큰 실패를 경험한 인물이다. 부여 고란사에서 종을 만들다가 파계를 했고, 불국사로 와서 종제작을 맡을 때까지 온갖 어려움을 겪어야 했으며, 주조 틀이 파손되는 실패와 인신 공양을 해야 하는 어려움을 이겨내야 했다. 그렇게 완성된 종도 타종시 소리가 나지 않아 애를 태워야 했다. 물론 이것은 어린아이를 바친 어머니인 금아의 소행이었다. 결국 참마루는 종을 완성하기 위해서 파계(破戒)를 하고, 생명의 위협을 감수하고, 아들을 바치는 어려움을 겪어야 했다. 원작과 시나리오는 비슷한 굴곡을 겪으면서 사건이 진행된다.

　　희곡 : 스승 하전의 실패→미추홀의 자원→실명(위기)→
　　재도전→소리가 안 남(마지막 시련)→성공
　　시나리오 : 고란사에서의 실패→참마루의 자원→파손(위기)→재도전→소리가 안 남(마지막 시련)→성공

　주도적 사건 진행이 상동적 구조를 보인다면, 보충 지선은 상당한 차이를 보인다. 원작에서 시무나를 중심으로 한 삼각관계는 긴장감을 크게 발생시키지 못한다. 그것은 미추홀과 시무나의 연정이 견실하고, 범지나 김체신이 일방적으로 시무나를 사랑하기 때문이다. 반면 시나리오에서는 삼각관계의 긴

장감이 제법 발생한다. 그것은 중심에 선 참마루가 태도를 확고하게 결정하지 않기 때문이다. 참마루는 마지막까지 연화와 금아에 대해 무관심하게 대하며 애매한 태도를 취한다. 머뭇거림은 관객의 호기심을 자극하려는 의도에서 비롯된다.

홍성기의 「에밀레종」은 원작 개념이 불확실했지만, 김남석에 의해 원작이 함세덕의 것으로 밝혀졌다. 인물 개성과 구도의 공통점, 사건 진행과 세부 설정의 상동성을 통해 보았을 때, 「에밀레종」의 원작은 함세덕의 「어밀레 종」이 분명하다. 당시 함세덕은 월북작가로 지탄받고 있었기 때문에, 원작을 밝힐 수 없었던 것 같다.

1960년대 전반기의 가작(佳作) 두 편

「사랑방 손님과 어머니」와 「갯마을」은 1960년대 전반기에 배출된 두 편의 뛰어난 문예영화이다. 두 편은 문예영화사뿐만 아니라 일반영화사에서도 수작으로 꼽히고 있다. 먼저, 영화 「사랑방 손님과 어머니」는 1961년 주요섭 원작, 임희재 각색, 신상옥 감독, 최은희·전영선·김진규·한은진·도금봉·김희갑 주연으로 제작되었다. 제1회 대종상에서 감독상·각본상·특별장치상을 수상했고 제5회 부일영화상에서 작품상·감독상·여우주연상을 수상했다. 제9회 아시아 영화제에 출품되어 최우수작품상을 받았고, 제23회 베니스 국제 영화제와 제35회 아카데미 영화제에 출품되었다.

원작의 제명은 「사랑손님과 어머니」이다. 여기서 '사랑손님'은 '사랑방에 기거하는 손님'이라는 뜻도 있지만, '사랑하는 손님'이라는 뜻도 함축한다. 그러나 영화 제명이 '사랑방 손님과 어머니'로 개칭되면서 후자의 함의는 사라진다.

영화의 실제 내용도 함축적인 속살을 밝혀내는 방향으로 각색된다. 소설에서 어머니와 사랑손님의 사랑은 공개되지 않는다. 미묘한 감정적 교류를 화자인 옥희의 시각과 언변으로 전달할 뿐이다. 그래서 옥희보다 상황에 대해 더 많이 알고 있다고 생각하는 독자들에게 독서의 신선함을 전하는 특징이 있다. 그러나 영화 「사랑방 손님과 어머니」에서는 옥희(전영선 분)의 시각을 벗어나, 즉 옥희가 전달할 수 없는 두 사람의 만남과 헤어짐을 장면으로 직접 보여주고 있다. 어머니(최은희 분)와 사랑방 손님(김진규 분)은 직접 마음을 주고받고 우물가에서 격정적인 포옹을 한다. 감정의 표출과 만남의 노출은 원작이 지닌 '은폐'의 미학을 영상적으로 공개하기 위함이다.

또 각색과정에서 한 가지 스토리 라인이 추가됨으로써 두 개의 플롯이 병진되는 구조를 취한다. 원작에서 식모와 계란 장수는 미미한 역할에 불과하지만, 각색된 시나리오에서 두 사람은 연인 사이로 발전한다. 식모 역을 맡은 도금봉과 계란 장수 역을 맡은 김희갑은 발랄하고 솔직한 사랑을 이룸으로써, 메인 플롯으로 흐르고 있는 어머니와 사랑방 손님의 애틋한 사랑에 비교되는 서브 플롯을 완성한다. 완성된 사랑(식모·계란 장수) 대 애틋한 이별(어머니·사랑방 손님)의 대립적 플롯이 성립되는 셈이다.

관객의 주목을 끄는 또 하나의 요인이 옥희 역을 맡은 전영선의 깜찍한 목소리이다. 전영선은 이 작품으로 데뷔했는데, 옥희라는 매력적인 캐릭터를 연기하면서 스타덤에 올랐다. 지금 들어도 그녀의 목소리는 특이한데, 당시에는 다소 거칠고 짙은 억양으로 인해 관심과 사랑을 한몸에 받았다.

영화 「갯마을」은 1965년 오영수 원작, 신봉승 각색, 김수용 감독, 신영균·고은아·이민자·황정순·전계현·이낙훈 주연으로 제작되었다. 당시 제작사는 대양영화였다. 제5회 대종상에서 여우조연상·촬영상·편집상을 수상했고, 제9회 부일영화상에서 작품상·감독상·여우조연상 등을 수상했으며, 제2회 한국연극영화예술상에서 작품상·감독상·연기상 등을 수상했다.

내용을 요약하면 다음과 같다. 갯마을의 고기잡이배가 출어하고 풍랑을 만나 파선하자 많은 여자들이 과부가 된다. 해순도 그러한 과부 가운데 하나인데, 미색이 뛰어나 뭇 남자들의 관심의 대상이다. 그 중에서 상수는 그녀를 끈질기게 쫓아다녀 육체관계를 맺고 뭍으로 데리고 간다. 그러나 해순을 탐낸 남자들과의 다툼 속에서 상수가 죽자 해순은 시어머니가 있는 집으로 돌아온다.

원작은 오영수의 동명 소설로 해순의 기구한 운명을 보여주는 것에 초점을 두고 있다. 해순은 첫 남편 성구를 바다에서 잃고 두 번째 남편 상수마저 산에서 잃는다. 소설의 현재는 이미 두 남편을 잃은 해순이 다시 바닷가로 돌아와 사는 시점이며, 그 시점에서 과거의 일을 회상하는 구조를 취하고 있다. 그러나 각색과정에서는 이러한 회상 형식이 파괴되어 해순의 기구한 삶을 순차적으로 보여주는 추보식 구성으로 대체된다. 그로 인해 원작이 지니고 있던 많은 문예미학적 특징들이 사라지게 되고 이를 대체할 영상 미학적 장치들이 고안되기에 이른다.

과부가 된 해순을 노리는 손의 주인공이 끝까지 밝혀지지 않는 원작의 틈새를 메워야 했기 때문에, 영화는 그 인물의 정체를 순차적으로 노출시키는 기법을 도용하지 않을 수 없었다. 또 회상에 의한 이야기의 전환에 의존할 수 없기 때문에 장면과 장면 사이를 메울 여분의 화면이 필요해지고 이를 위해 파도의 인서트가 늘어나면서 상징적·문학적인 의미가 추가된다. 이 영화의 백미라고 할 수 있는 상수가 해순의 방으로 침입하는 장면도 심리적 표현에 제약을 받게 되어, 그 장면을 시동생의 분노와 실망으로 대체하게 된다. 대신 극도로 절제된 대사와 다양한 카메라 포착(안방의 시어머니, 해순방의 해순과 상수 그리고 마루에 있던 시동생)으로 순간의 긴장감을 표현해낸 효과는 인정된다.

「갯마을」의 미학은 '원초적 성의 건강미'에 있다. 바닷가 여인들의 솔직하고 대담한 성욕이 고은아라는 신인 여배우의 수줍음과 함께 묻어 나오면서 영화는 세련되고 건강한 섹슈얼리티를 표현해낼 수 있게 된다. 물론 앞서 말한 대로 바다가 주는 안온함과 풍광이 강조된 카메라 미학으로 인해 이러한 섹슈얼리티는 영상 미학적 효과로 발현될 수 있었다.

구조적인 측면에서 볼 때, 원작을 시나리오화하기 위해서는 분량의 확대가 필요했다. 각색을 위해 신봉승이 원작의 배경이 된 마을(경남 동래군 일광면)을 방문했을 때 해순의 일생을 고스란히 닮은 여인을 만날 수 있었고, 그 여인을 통해 소설의 많은 부분을 메울 수 있었다. 그 과정에서 서브 플롯이 첨가되고 바닷가 마을의 굿이 상세하게 삽입되었다. 이러한 각색과정을 거치면서 영화는 소설과는 달리 이중 플롯의 구조를 취하게 되고 분량상으로도 연장되는 효과를 거둔다.

「갯마을」은 흔히 그 이후에 나타나는 문예영화 붐의 물꼬를 튼 작품으로 간주된다. 그것은 이 영화가 정부의 우수영화보상제 시책에 가장 먼저 동조한 작품이기 때문이다. 한국영화는 예나 지금이나 독창적이고 우수한 시나리오의 부족이 최우선 해결 과제이다. 당시에도 마찬가지였다. 이를 보완하기위해서 정부는 작품성 있는 문학 원작을 시나리오로 각색하여영화화한 작품에 혜택을 주기로 했고, 「오발탄」은 그 시책이 발표된 이후에 처음 만들어진 문예영화이다.

두 영화는 특이한 공통점이 있다. 그것은 두 작품 공히 리바이벌되었다는 점이다. 「사랑손님과 어머니」는 1978년 조문진 감독에 의해 컬러 영화로 다시 만들어졌다. 방희·하명중·도금봉 등이 출연했다. 「갯마을」도 1978년(8월 6일) 김수형 감독에 의해 컬러 영화로 다시 만들어졌다. 이때 해순의 역할은 장미희가 맡았다. 두 영화 모두 최초의 작품을 높게 평가한다는 점도 공통점이다.

1960년대 전반기의 문예영화들

유현목 감독은 많은 문예영화를 제작한 것으로 유명하다. 그는 1960년대 전반기에만 「김약국의 딸들」(1963) 「잉여인간」 (1964) 「순교자」(1965)를 발표했다. 그 이후에도 꾸준히 문예영화에 관심을 가져 「카인의 후예」(1968) 「나도 인간이 되련다」(1969) 「분례기」(1971) 「사람의 아들」(1980) 등을 만들었다.

「김약국의 딸들」은 박경리의 동명 소설을 원작으로 한 작품이다. 김 약국집 네 딸의 이야기를 중심으로 하는데, 이 딸들이 결혼을 통해 불행해진다는 스토리 라인을 따르고 있다. 첫째 딸은 청상과부로, 둘째 딸은 이지적 신여성으로, 셋째 딸은 관능미가 뛰어난 여자로, 넷째 딸은 기독교인으로 묘사되어 있다. 개성이 다른 딸들의 성격 묘사가 뛰어나고 한 집안의 몰락과 불운을 처리해 가는 과정이 돋보이며 전후 시대상을 세밀하게 묘파한 영화로 기억되고 있다. 「순교자」는 미국에서 작가로 활약하는 김은국의 소설을 원작으로 하고 있다. 6.25 전쟁을 통해 신에 대해 회의하게 된 한 목사가 전도를 위해 순교하는 이야기이다. 종교적 주제는 유현목이 훗날 만들게 되는 「사람의 아들」(홍파 각색, 정일성 촬영, 1980)과 이 작품을 이어주는 의미상의 가교가 된다. 「사람의 아들」 역시 신을 부정하는 인간의 방황과 좌절 그리고 귀의의 과정을 그리고 있기 때문이다.

신상옥 감독은 1960년대 전반기에 많은 문예작품을 영화화하였다. 이미 살펴본 대로 『춘향전』을 영화화한 「성춘향」(1961)을 필두로 하여 「연산군(장한사모 편)」(1961)과 후편 「폭군연산(복수, 쾌거 편)」(1962) 「사랑방 손님과 어머니」(1961) 「상록수」(1961) 「벙어리 삼룡」(1964) 등이 있다. 「연산군」과 「폭군연산」은 박종화의 소설 『금삼의 피』를 각색한 작품이다. 억울하게 죽은 생모(폐비 윤씨)를 복권하려는 연산의 의도는 신하들의 반대에 부딪혀 무산되고, 이에 연산은 술과 여자를 탐닉하면서 폭군의 모습으로 변해 가기 시작한다. 후편은 이러한 연산이 폭군이 되어 신하들을 도륙하고 폭정을 일삼는 모습을 그리고 있다.

「상록수」는 심훈의 동명 소설을 원작으로 한 영화이고, 「벙어리 삼룡」도 나도향의 소설을 원작으로 한 영화이다. 「벙어리 삼룡」은 1929년 나운규에 의해 영화화된 이후 두 번째로 영화로 제작되었고, 1973년 변장호에 의해 「비련의 벙어리 삼룡」으로 다시 한번 리바이벌된다.

김수용 감독도 문예영화를 많이 만든 감독 가운데 하나인데, 이 시기에 「혈맥」(1963) 「갯마을」(1965) 「유정」(1966)을 발표했다. 김영수 원작의 「혈맥」은 1948년 문교부주최 제1회 전국 연극경연대회에 참가하여 최우수작품상을 수상한 희곡이다. 방공호에 사는 피난민들의 삶을 그려낸 수작으로 평가되고 있다. 김수용은 1965년에 이윤복의 일기를 바탕으로 「저

하늘에도 슬픔이」를 만들었다. 이 영화는 일기를 원작으로 했다는 점에서 문예영화의 귀속 여부에 대한 논란이 있을 수 있으나, 일기를 광의의 문학작품으로 볼 수 있고 더구나 출판된 일기를 대본으로 삼았다는 점에서 문예영화의 범주에 귀속시킬 수 있다.

대강의 내용은 다음과 같다. 초등학교 4학년인 이윤복은 가난한 가정에서 살아가고 있다. 그의 아버지는 노름에 빠져 집안을 돌보지 않고, 어머니는 아버지의 학대에 못 이겨 집을 나갔다. 하지만 윤복은 실망하지 않고 꿋꿋하게 살아간다. 그는 구두닦이를 하며 돈을 벌어 어린 동생과 가정을 돌본다. 그가 쓴 일기가 담임 선생님의 도움으로 출판되자, 그는 가난에서 벗어날 수 있게 된다. 아버지도 크게 깨닫고 집으로 돌아오고 어머니 역시 집으로 돌아온다.

가난한 어린 아이들이 꿋꿋하게 살아가는 모습에 관객들은 감동했다. 350만 명의 서울 인구 중에서 30만 명이 이 영화를 보는 기록적인 흥행을 거두었고, 해외로 수출되는 호조를 보였다. 아역 배우들의 깜찍한 연기와 가난이라는 소재가 성공 요인으로 꼽히고 있다.

시공간의 교차반복 「안개」

「안개」는 김승옥의 소설 「무진기행」을 영화화한 작품이다. 신성일과 윤정희가 출연하여 윤기준(영화 주인공) 역과 하인숙 역을 연기했다. 원작자 김승옥이 각색과 주제가 작사를 맡았다. 이봉조가 작곡하고 정훈희가 노래한 주제가 「안개」는 오랫동안 명곡으로 기억되고 있다.

김수용 감독의 말을 빌면 김승옥의 각색 시나리오는 다분히 문학적이었다고 한다. 하지만 김승옥의 시나리오가 경직된 것만은 아니었다. 김승옥은 과거와 현재 혹은 회상과 현실의 장면을 유연하게 교차시키는 영화적 문법을 상당히 세련되게 선보인다. 플래쉬 백은 비록 흔하게 볼 수 있지만, 그 안에 미학적 연계 고리가 충실하게 확보된 경우는 많지 않은데, 김승옥의 시나리오는 그러한 특장을 어느 정도는 갖추고 있었다.

5. 같은 방 창밖 풍경(저녁)

가로등이 일제히 켜지고 집집마다 불이 켜진 아름다운 저녁 풍경

6. 이모집 마루(밤)

(회상) (과거)

처마 끝에 내다 걸은 희미한 전등에 하루살이와 불나방들이 모인다.

—C.U—

#7. 침대차 안(밤)

많은 하루살이가 들어가 죽은 희미한 전등불.

—C.U—

후덥지근한 침대차 안.

유리창에 비치는 윤의 얼굴. 창 밖으로 도회의 불빛이 스쳐 지나간다.

이윽고 불빛 드물어지고 어둠.

ⓔ 달리는 기차의 핑음소리

장인 ⓔ 비행기로 가서 바꿔 타구 가믄 빠르긴 허것지만 항공여행이란 위험헌 것이니 기차루 가두룩 허게(명령조다)!

윤 ⓔ 네, 아무렇게나 좋습니다.

윤(기준)은 고향으로 내려가는 기차를 타고 있다. 창 밖으로 켜진 가로등이 보인다(#5). 가로등은 과거 이모집 마루에 켜진 희미한 전등으로 연계된다(#6). 현재의 윤이 과거의 윤으로 잠시 이전한다. 과거의 윤이 바라보던 전등에는 하루살이와 불나방들이 잔뜩 몰려 있다(#6). 하루살이는 다시 현재로 넘어오는 매개물이 된다. 신이 바뀌면 '하루살이가 들어가 죽은 희미한 전등불(#7)'이 나온다. 그 등은 윤이 앉아 있는 침대차 안에 있다. 유리창에 윤의 얼굴이 비치고 있고, 그 위로 도회의 불빛이 흐르듯 스쳐 지나간다. 기차 소음처럼 불쾌한 장인의 목소리가 효과음으로 처리된다. 사위의 귀향 경로마저 지시하려는 명령조의 목소리이다. 힘없이 순종하는 윤의 목소리가 이어진다.

과거의 장면과 현재의 장면이 결합되어 조형된 이러한 신들은 「안개」의 구조적 특성을 요약적으로 보여준다. 현재의 윤은 과거의 한때에 머물렀던 공간을 찾아가고 있다. 그 공간은 #5에서 포착한 대로 아름다운 풍경이다. 그러나 그 내부는 비참했던 젊은 날을 함축하고 있다. '희미한 전등에 몰려드는 벌레들'처럼 어떤 희망을 잡기 위해 몸부림치던 시절이 있었다. 그런데 몸부림쳐서 얻는 현실은 진실이 아니다. '죽은 하루살이'처럼 어쩌면 그도 죽어가고 있는지 모른다. 등불은 희망이지만 동시에 죽음이기도 하다. 장인의 음성은 화려한 성공 뒤에 도사린 굴욕감이 순수했던 자아를 죽이고 있음을 알려준다. 이러한 교차 구조는 계속된다.

8. ○○시 역(이른 아침)

윤, 대합실을 나오다가 미친 여자를 본다. 나이롱 치마 저고리에 핸드백과 파라솔 등 제법 진한 화장의 멋쟁이다.

구두닦이들, 그리고 아이스케키 장수 아이들이 어울려 여자 뒤를 줄줄 따르고 있다.

소리 1 ⓔ 공부를 많이 해서 돌아버렸디야.

소리 2 ⓔ 아녀, 남자한테서 채여서여.

소리 3 ⓔ 저 여자 미국 말도 참 잘한다. 물어 볼끄나?

구두닦이, 찝적거리면 비명을 지르는 미친 여자.

9. 바닷가집 방 안(밤)

(과거)

비명 지르며 악몽에서 깨어나는 윤.

식은땀을 흘린다. 방문을 열면 바닷가 파도들이 와서 밀려가고(시간이 공허하게 흐른다)

10. 이모집 건넌방(낮)

(과거)

골 방문 벌컥 열리며 비명을 지르고 뛰어나오는 윤. 어머니가 어이없는 얼굴로 본다.

윤 ⓔ 더 이상 못 숨어 있겠어요! 미칠 것 같단 말예요. 미치드라도 일선에 나가서 미치겠어요. 이대로 내가 미치거든 내 일기책 첫 장에 적어 놓은 이유들 때문일 터이니 그걸 참고해서 치료해 보세요!

옷고름에 눈물 닦는 어머니.

돌아앉아 책상에 머리를 파묻고 흐느끼는 윤.

윤은 역에서 '미친 여자'를 만난다. 그녀는 미칠 만한 기구한 사연을 가진 듯하다. 그녀를 보자, '미칠 것 같'던 괴로움에 시달렸던 과거의 자신이 떠오른다. 당시 윤은 징병을 피해 골방에 숨어 살고 있었다. 불안한 나날이 계속되고 악몽을 꾸는 횟수가 잦던 시절이었다. 두 신은 '미친'이라는 언어적 유사성에 의해 연계된다. 현재 마주친 여자의 상태처럼, 과거의 윤도 비정상적이고 불안한 상태에 있었음을 보여주기 위함이다.

이러한 과거와 현재의 교차 반복은 원작소설에도 이미 드러나고 있었던 형식적 장치이다. 원작자이면서 동시에 각색자였던 김승옥은 자신의 문학적 의도를 영화적으로 뒷받침하기 위해서 이러한 형식 장치를 고안한다. 문제는 지나치게 고안된, 즉 너무 빈번해진 장치들로 인해 각색자의 의도와 주제 의식이 간파당했다는 점이다. 또 지루한 반복은 오히려 형식적 참신함을 매너리즘에 빠뜨려 결국에는 형식적 아름다움을 스스로 훼손시키고 만다. 이것은 「안개」가 드러낸 일종의 한계이다.

시간구조로의 변화, 「역마」와 「독짓는 늙은이」

영화 「역마」는 1967년 김동리 원작, 최금동·김강윤 각색, 김강윤 감독, 김승호·신성일·남정임·조미령 주연으로 제작되었다. 「역마」의 시나리오는 각 인물들의 전사(前事)를 소상하게 보여주고 있다. 그 전사는 일종의 과거 이야기이다. 원작에는 없는 이야기가 대부분인데, 등장인물들 사이의 관계와 감추어진 비밀을 장면으로 보여준다. 오동운과 소향이 만나게 된 인연, 옥화와 법운이 만나게 된 인연, 법운과 혜초의 관계, 성기와 계연의 관계 등이 그것이다. 복잡하게 얽힌 인연과 관계 속에서 강조되는 것은 떠날 팔자 혹은 헤어질 운명이라는 점이다. 오동운과 소향, 옥화와 법운, 혜초와 이복 누이, 성기와 계연이 그러하고, 오동운과 옥화, 혜초와 성기, 계연과 옥화 역시 그러하다. 영화 「역마」는 복잡하게 얽힌 인연들이 헤어지는 이야기, 즉 역마살의 이야기이다.

영화적으로 중요한 것은 각 인물들의 관계를 요령 있게 보여주는 방식이다. 시나리오에서 이러한 방식은 대부분 회상의 형식으로 처리된다. 오동운, 옥화, 성기가 먼 과거의 이야기를 회상한다. 물론 회상은 시간의 역전을 통해 장면으로 구성된다. 또 옥화와 성기는 계연이 떠난 이후에 다시 한번 자신의 일생을 돌아본다. 그 회상은 이미 장면으로 꾸며졌던 것을 다시 활용하는 방식을 취한다.

요약하면 「역마」의 이야기는 회상 장면과 시간의 역전에 의존한다. 이것은 두 개의 이야기(공간)를 동시에 보여주려 했던 1960년대 전반의 「오발탄」 「사랑방 손님과 어머니」 「갯마을」의 이야기 방식과 대조되는 특성으로, 1960년대 후반의 「안개」에서 극단적으로 실험된 바 있다.

영화 「독짓는 늙은이」는 1969년 황순원 원작, 여수중 각색, 최하원 감독, 황 해·윤정희·남궁원·허장강·김정훈·김희라 주연으로 제작되었다. 황순원의 소설 「독짓는 늙은이」는 간결한 작품이다. 분량도 짧지만 이야기 구조도 간단하다. 주인공 송영감은 평생 독을 지었다. 지금은 늙고 병들어 운신조차 어렵지만 예전에는 인근에서 알아주는 장인이었다. 그에게는 젊은 아내와 아들이 있었는데 그가 병든 틈을 타 아내는 젊은 조수와 도망간 상태이다.

소설이 시작되면 송영감은 도망간 아내를 저주하며 배신감에 치를 떤다. 그리고 자신과 아들의 생계를 위해 독짓는 작업을 강행한다. 딱히 다른 생계의 수단이 없기 때문이지만, 도망간 젊은 조수의 실력과 자신의 남은 실력을 겨루어 보고 싶은 호승심이 작용했기 때문이기도 하다. 결과는 송영감의 패배이다. 혼절하면서까지 혼신의 힘을 다해 만들었던 송영감의 독은 가마 안에서 보기 좋게 터졌고, 젊은 조수가 대충 만들어 놓고 간 독들은 그럴듯하게 구워졌다. 절망한 송영감은 생의 마지막 의지를 상실하고, 절대 양자로 보내지 않겠다는 아들도 그만 포기하기로 결심한다.

그는 이웃집 노파(앵두나무 집 할머니)를 불러 아들을 부탁한다. 송영감은 떠나는 아들을 위해 죽은 척한다. 아들은 아버지가 죽은 줄 알고 슬퍼하며 노파를 따라 나서고, 송영감도 눈물을 흘리며 아들과 작별한다. 아들 문제를 정리하자 송영감은 미련 없이 가마로 찾아 가서, 입적하는 부처처럼 고단한 생을 마감한다.

소설에서 서사의 중심은 송영감이다. 송영감의 아픔과 예술혼을 묘사하는 것에 초점을 두기 때문이다. 송영감의 처, 조수, 주변인물, 심지어 아들마저도 소략하게 처리된다. 이러한 간결함은「독짓는 늙은이」의 특징이다. 단편소설에 요청되는 삶의 한 지점에 대한 명민한 포착이 발현된 경우이다.

간결함의 문예 미학은 시나리오「독짓는 늙은이」로 각색되면서 달라진다. 이야기가 길어지고 구도가 복잡해진다. 서사의 중심도 바뀌면서, 송영감의 아들과 아내와 작업 일꾼(왱손이 영감)이 화자가 되어 이야기를 주도한다. 송영감이 죽은 지 10년이 지난 시점에서 현재적 서사가 전개되고, 회상 구조를 통해 10년 전의 과거가 드러나는 형식으로 짜여진다.

회상구조에 진입하기 전에 성년이 된 당손이(시나리오에서는 돌이)가 찾아오고 가마를 지키고 있던 왱손이 영감이 송영감과 옥수(처)가 만나 사랑하게 되고 당손이를 낳게 되는 과정을 이야기한다. 그 과정에서 젊은 제자 석현이 문제가 된다. 옥수는 나이 많은 송영감과 어린 자식을 버리고 석현을 따라 떠난다. 왱손이 영감의 일차 회상은 여기에서 끝나고 성년이 된 당손이가 혼자 살아가게 된 이야기가 뒤따른다. 그 이야기 속에서 당손이는 옥수와 잠시 살게 되지만 곧 버림받게 된다.

당손이의 회상이 끝나면 왱손이 영감의 이차 회상이 이어진다. 당손이는 아버지가 죽은 줄 알고 떠나지만 실제로는 죽지 않은 상태였으며, 송영감은 당손이가 떠난 후 가마에서 죽게 된다. 여수중이 각색한 일차 시나리오에는 옥수의 회상 장면도 있다. 그 회상에서 옥수가 송영감을 만나기 이전에 석현을 만났음이 알려진다. 그들은 서로 사랑하는 사이였다가 헤어진 연인으로 묘사된다. 또 당손이를 떠나게 된 이유가 실제로는 당손이를 살리기 위해서였다고 말한다.

시나리오는 지나친 디졸브의 남발로 그 효과가 어지러워졌으나, 영화에서는 이를 차분하게 정리하여 회상 장면을 크게 통합했다. 특히 옥수의 마지막 회상을 억제하고 그 골자를 다른 회상으로 전달함으로써 과거 지향적인 플롯을 지양했다. 또 우연에 의한 만남을 다소 운명적인 것으로 만드는 장치를 마련하고 있다.

음향의 효과 또한 잘 살려내고 있다. 옥수가 석현을 만나면서 다시 겪게 되는 갈등은 개구리와 맹꽁이의 시끄러운 울음소리로 묘사되고 있고, 옥수가 석현을 따르게 되는 계기에서는 한 짐이나 되는 독이 쓰러지며 파열음을 내고 있다. 옥수와 석현의 밀회를 엿보는 송영감의 분노와 실망은 폭풍우의 사나운 기세로 표현되고 있고, 송영감의 생에 대한 의지가 사라지는 것은 독이 터지는 것으로 표현되고 있다. 이 밖에도 물소리가 영화 곳곳에 포진되어 심리적·암시적 효과를 불러일으키고 있다.

「물레방아」의 리바이벌

이만희는 나도향의 원작소설 「물레방아」를 영상화했다. 나도향의 「물레방아」는 세 번 영화화되었다. 첫 번째는 1956년 이현 감독에 의해서이고, 두 번째는 이만희에 의해서이며, 세 번째는 1986년 조명화에 의해서이다.

이현의 「물레방아」는 종복 방원과 세도가 신치규 그리고 방원 아내의 삼각관계를 그리고 있다. 방원의 아내는 신치규와 내연의 관계였는데 방원이 어느 날 물레방앗간에서 나오는 아내를 보고 신치규를 때리게 된다. 주재소에 잡혀가 곤혹을 치르게 되고 간신히 도망쳐 아내를 신치규의 집에서 데리고 나오지만 아내는 오히려 방원을 따라가기를 거부한다. 분노한 방원은 아내를 죽이고 자신도 죽는다.

이만희의 「물레방아」는 물레방앗간에서 아내와 주인의 정사를 목격한 종복(정확하게 말하면 소작인)이 아내를 죽이는 장면으로 사건이 일단락된다. 도망친 주인의 신고로 인해 남편은 일경에게 붙잡힌다. 조명화의 「물레방아」는 영화의 앞부분에 방원과 치규의 윷놀이에서 방원이 승리하는 장면이 있고, 방원이 멀리 간 사이에 치규가 옥분(방원의 처)을 유혹한다는 세부적 설정에서 차이를 보인다.

그러나 세 작품은 비슷한 줄거리를 드러내고 있다. 세 작품 모두 삼각관계를 설정하고 있고 자극적인 정사 장면을 포함하고 있으며 결말에서 폭력적인 면모를 드러내고 있다는 점에서 일단 관객의 시각에 영합하는 측면이 많다. 비록 원작소설이 나도향의 작품이라고 해도, 이 작품이 계속 선택되어 리바이벌되는 데에는 멜로드라마적 구도·섹슈얼리티·폭력성이라는 대중영화의 문법을 따르고 있기 때문이다.

김수용의 문예영화와 자연에 대한 영상적 묘사

1966년 김수용이 이광수 원작소설 『유정』을 영화화하였다. 이 작품은 일본 로케이션으로 제작되었고 흥행에도 크게 성공했다. 신인 여배우 남정임의 데뷔작이기도 하다. 남정임은 문희, 윤정희와 함께 트로이카 체제를 형성하며 한국 여배우의 전성 시대를 연 배우였다.

김수용은 1966년 이광수의 『유정』을, 1967년에는 김동리의 「까치소리」를 영화화하였다. 또 같은 해에 천승세의 희곡 「만선」과 차범석의 희곡 「산불」 그리고 김승옥의 「무진기행」(영화명은 「안개」)을 영화화하였다. 김수용은 계속해서 문예영

화를 제작해서 1968년에는 이청준 원작의 「시발점」을, 1969
년에는 김유정 원작의 「봄봄」을, 1970년에는 현진건 원작의
「무영탑」을 감독했다. 감독으로서의 이러한 행로는 1970년대
에도 계속 이어졌다.

김수용은 문예영화의 대부 격 감독이다. 그는 명작을 골라
주기적으로 그리고 끊임없이 영화화하였으며, 그로 인해 주옥
같은 명편을 남긴 것으로 유명하다. 또 그의 영화는 멋진 풍광
으로 인해 기억에 남는 장면을 다수 만들어냈다. 「갯마을」에
서 경상남도 일광면의 애잔하게 노을을 비추고 있던 바다와
달빛 아래 에로티즘을 발산하던 모래사장, 「안개」에서 기준과
인숙이 걸었던 고즈넉한 서해안 갯벌, 「산불」에서 남녀의 애
욕이 불타올랐던 대숲, 비록 문예영화는 아니지만 많은 이들
에게 문예영화의 수준으로 각인되었던 「만추」에서 고독한 연
인들이 걸어야 했던 청주진입로 등이 그러하다. 이러한 영화
속 풍광은 등장인물의 심리 상태와 처지를 적절히 보여주면
서, 동시에 문학작품이 지닌 언어의 마력과 묘미를 영상언어
로 탈바꿈시키는 중요한 역할을 했다.

1960년대 후반 문예영화의 편린

1967년 이만희는 선우휘의 소설 「싸릿골의 신화」를 영화
화했다. 장일호 감독은 이광수의 소설 『흙』을 영화화했는데,
1960년 권영순의 「흙」에 이어 두 번째였다. 이성구는 황순원

의 『일월』을 영화로 만들었다. 건축학을 전공한 주인공이 상류층 여인과 결혼하지만, 주인공의 출신이 백정의 자손임이 드러나면서 파국을 맞는 내용이다. 황순원의 소설은 백정을 소재로 삼은 것으로 한국문학사에서도 특이한 소재로 정평이 나 있는 작품이다.

이성구는 같은 해에 이효석 원작의 「메밀꽃 필 무렵」을 감독했고, 1968년에는 이어령 원작의 「장군의 수염」을 감독했다. 줄거리는 다음과 같다. 사진기자 김철훈이 의문의 죽음을 당한다. 민완 형사는 사인을 캐기 위해 주변 사람들을 찾아다니게 되고, 동거녀 신혜를 만나게 된다. 김철훈은 환상에 사로잡혀 살아왔던 자로서 현실적인 능력이 없어 자살할 수밖에 없는 처지였음이 드러난다. 이 영화는 심리묘사가 뛰어난 작품으로 평가되고 있다. 1969년 이성구는 윤조병 원작의 「지하실의 7인」을 감독했다. 안 신부를 방패 삼아 탈출을 꾀하는 북한군 일당을 국군 대위 최동호의 기지로 섬멸하는 이야기이다. 반공영화의 흐름 속에 포함되는 작품이다.

1967년에 「역마」가 만들어졌다. 이 시기의 유현목 감독은 홍성원 원작의 「막차로 온 손님들」(1967)과 황순원 원작의 「카인의 후예」(1968)를 만들었다. 「카인의 후예」는 해방 후 북한에서 실시된 토지개혁으로 땅을 잃은 사람들의 모습을 그린 작품으로, 이념 대립과 고향 상실의 안타까움을 그리고 있다. 일부에서는 이 영화를 반공영화에 포함시키기도 한다.

신상옥 감독은 고려 공민왕과 요승 신돈의 이야기를 그린

『다정불심』을 영화화하였다. 영민하던 군주 공민왕은 노국공주가 죽자 정사를 팽개치고 모든 실권을 신돈에게 넘긴다. 신돈은 권력을 이용하여 개인적인 이익을 챙기기에 여념이 없다. 조정의 기강이 문란해지자 왕비가 홍윤과 간통하여 임신을 하게 되고 이를 수습하는 과정에서 공민왕이 측근에게 살해당한다. 공민왕의 개인적 슬픔과 정치적 실정을 보여준 이 작품은 박종화의 동명소설을 원작으로 하고 있다.

최하원 감독의 약진도 두드러졌다. 그는 이 시기에 황순원의 소설을 집중적으로 영화화하였다. 1968년 「나무들 비탈에 서다」를 감독했고, 1969년에는 「독짓는 늙은이」를 선보였다. 그는 고등학교 시절부터 연극을 했고 대학교에 입학해서도 연극반(현 연세극회) 활동을 했다. 그러면서 시나리오를 쓰기 시작하여 「무승부」로 데뷔했다. 그는 이성구 감독 밑에서 연출 공부를 하고 「나무들 비탈에 서다」로 감독으로 데뷔했다.

소설가 김승옥이 김동인의 소설 「감자」를 영화화하여 감독으로 데뷔하기도 했다. 주인공으로는 「안개」의 하인숙 역을 맡았던 윤정희가 기용되었다. 그러나 흥행에는 실패했다.

문예영화에 대한 논쟁

「만추」의 문예영화 시상과 관련되어 발생되었던 시비로, 1969년 공식적인 의미부여로서의 '문예영화'라는 용어는 사라진다. 정부는 공식적인 행사에서 문예영화의 개념을 정의하는 것을 어느 정도 포기하고 그 개념적 외연을 확장시켜버린다. 우수한 예술영화가 문예영화라는 개념은 객관적인 기준을 도출하기 어려운 개념 정의에 불과하기 때문이다.

비록 1970년대에 들어서면서 문예영화의 제작편수가 감소한 것은 아니었지만, 이러한 엄밀한 개념 포기는 문예영화의 상징적인 죽음을 예고하게 된다. 70년대의 문예영화는 60년대에 누렸던 문화적 기품이나 예술적 감각을 보여주지 못한다. 이것은 문예영화 장려의 뜻이 퇴색하면서 관심과 투자 역시 후퇴했기 때문이다. 비록 70년대 형편없이 추락하는 한국영화의 수준을 지켜 준 것이 문예영화의 공이기는 하지만, 60년대의 걸작 산출과 비교했을 때 이러한 변모는 상징적 죽음에 가깝다.

70년대의 문예영화 중에 60년대 문예영화가 쌓았던 높은 수준의 형식적 기법을 응용하고 발전시킨 작품이 전혀 없는 것은 아니지만, 내용과 형식의 문제, 즉 작가 의식과 영화기법의 문제로 환원했을 때 심한 불균형을 가져온 것은 사실이다. 이러한 측면에서 60년대와 70년대의 전환기는 문예영화의 성장 상승세가 한풀 꺾이는 갈림길이었다고 정리할 수 있다.

문예영화의 흐름과 위상

문예영화의 과거와 미래

문예영화는 한국영화 초창기에 상당한 기여를 했다. 한국영화에 대한 관심을 불러일으킨 「춘향전」, 이에 대항하여 순수한국인 제작진을 고집하며 진정한 한국영화의 정수를 보여주려 했던 「장화홍련전」, 윤백남과 이경손 그리고 나운규를 등장시키고 또 사라지게 했던 「운영전」「심청전」「오몽녀」가모두 문예영화였다. 그들이 꿈꾸는 영화적 이상을 실현하기위해서, 훌륭한 문학작품은 꼭 필요했다. 그들은 부족한 시나리오의 공급원으로, 대중적 사랑의 저수지로, 때로는 의욕적인 도전을 펼칠 모험지로, 어떨 때는 상상력의 수원지로 문학작품을 선택했으며, 이를 충실하게 영화화하는 것에 일차적인 영화 연출의 목적을 두었다.

최초의 발성영화에 도전할 작품으로 무엇을 골라야 하느냐는 자문에 대답한 것도 문예영화였고, 해방과 이어지는 전란의 틈새에서 위축된 한국영화를 살려낼 수 있는 대안으로 제시된 것도 문예영화였다. 영화계에 새로운 성좌를 틀려는 감독들은 좋든 싫든 문예영화라는 좁고 지난한 관문을 넘어야 했으며, 유현목·김수용 같은 이들은 아예 그 자리에 남아 문예영화의 매력에 흠뻑 젖어 들었다.

보고 또 보아도 질리지 않는 작품이 없음에도 「춘향전」은 18번이나 리바이벌되었고, 「심청전」·「장화홍련전」·이광수 소설 등은 수차례에 걸쳐 리바이벌되었다. 그리고 현재까지도 그 가능성은 남아 있다. 1960년대를 통과하면서 문예영화는 가장 찬란한 시기를 맞이했다. 영화사의 걸작들이 쏟아져 나왔으며 수작과 가작이 한 시대를 풍미했다. 그 과정에서 문예영화가 상당했다는, 그래서 문예영화는 곧 우수영화라는 도식이 유행했다는 사실은 놀라운 일이 아니었다.

시간과 공간과 플롯에 관한 인식이 확산되면서 문예영화는 이러한 구조적 측면과 미학적 영상을 실험할 수 있는 좋은 무대를 제공하기도 했다. 1960년대의 전·후반기는 이러한 실험이 확산되고 심도 있게 전개된 시기였다. 비록 1960년대와 함께 문예영화의 전성기가 쇠퇴하지만 그것은 더욱 큰 진보를 위한 일시적 후퇴에 해당한다고 나는 지금도 믿고 있다.

문예영화는 위험과 매력을 동시에 가진 장르이다. 관중들이 내용을 알기에 식상해할 수도 있고 그럼에도 차별적인 영상을 만들어냄으로써 의표를 찔리는 놀라움을 경험하게 할 수 있다. 또, 스토리텔링과 상징적 의미에서 큰 자극을 줄 수도 있다.

덕분에 문예영화의 길 역시 안정과 변화의 경계선이었으며 한국영화가 걸어온 시련과 성공의 갈림길이었다. 우리가 지금 여기서 문예영화를 돌아보아야 하는 것은 아마도 그 경계의 끝과 갈림길의 성패를 알고자 함일 것이다. 똑같은 실수를 반복하지 않고 결함을 메우기 위해서이고, 그 결함을 찾아 배우고 고치기 위해서일 것이다.

문예영화를 통해 한국영화의 미래가 더 멀리 그리고 더 넓게 조망되는 날을 기대해 본다. 그날이 오면 문예영화의 흐름은 한국영화의 흐름을 이끈 의미 있는 전사(前史)가 될 것이다.

각주를 대신하여

이 책은 영화계의 역사와 현황을 기록한 다음과 같은 글들의 도움을 받아 쓰여질 수 있었다. 빈약한 자료와 부실한 여건 아래에서도 영화의 발전과 미래를 위해 앞장서서 걸어간 선학들과 영화인들에게 감사드린다. 각주를 대신하여 그 고마움과 참조 사항을 밝혀 두는 바이다.

김남석, 「1960~70년대 문예영화 시나리오의 영상 미학 연구」, 고려대 박사논문, 2003.

김수남, 「'춘향영화'의 제작사와 양식적 특징에 대한 고찰」, 『한국영화사연구』, 새미, 2003.

김종원·정중헌, 『우리영화 100년』, 현암사, 2001.

안종화, 『한국영화측면비사』, 춘추각, 1962.

유현목, 『한국영화발달사』(3판), 한진출판사, 1986.

이영일, 『영화인 윤백남, 윤백남의 작품세계』, 문화체육부, 1993.

정종화, 『한국영화사』, 열화당, 1997.

조용만, 『30년대의 문화예술인들』, 범양사, 1988.

최창호·홍강성, 『라운규와 수난기 영화』, 평양출판사, 1999.

호현찬, 『한국영화 100년』, 문학사상사, 2000.

영상자료원 데이터베이스, http://www.koreafilm.or.kr

「매일신보」, 1910년 8월~1945년 8월.

한국 문예영화 이야기

펴낸날	초판 1쇄 2003년 11월 15일
	초판 3쇄 2010년 4월 6일

지은이	김남석
펴낸이	심만수
펴낸곳	(주)살림출판사
출판등록	1989년 11월 1일 제9-210호

경기도 파주시 교하읍 문발리 파주출판도시 522-1
전화 031)955-1350   팩스 031)955-1355
기획 · 편집 031)955-1395
http://www.sallimbooks.com
book@sallimbooks.com

ISBN 978-89-522-0153-9   04080